जाहिराम
पद नेह

जाहिराम पद नेह

नरोत्तम पांडेय

विद्या विहार, नई दिल्ली

प्रकाशक : विद्या विहार, १६६० कूचा दखनीराय, दरियागंज, नई दिल्ली-११०००२
सर्वाधिकार : सुरक्षित / संस्करण : २०११ / मूल्य : दो सौ रुपए
मुद्रक : भानु प्रिंटर्स, दिल्ली ISBN 81-88140-92-9

JAHIRAM PAD NEH *by* Narottam Pandey Rs. 200.00
Published by Vidya Vihar, 1660 Kucha Dakhni Rai, Darya Ganj, New Delhi-2

श्री :

रामायण एवं महाभारत
के आख्यानों में अनुरक्त
पूज्य पितृव्य
स्व. पं. जगदेव पांडेयजी
की
पुण्य स्मृति में।

जाहिराम पद नेह

'जाहिराम पद नेह' के अंतर्गत चार राम पद नेहियों की आस्था-निष्ठा, सेवा-समर्पण और शौर्य का आकलन किया गया है। रामकथा के 'शत कोटि अनेका' रूपों में मानस कथा ही इसका आधार है। जहाँ-तहाँ वाल्मीकीय आख्यानों की सहायता ली गई है।

अंगद को इसलिए ग्रहण किया गया है क्योंकि इनका व्यक्तित्व बाकी चरित्रों की तुलना में अधिक सार्थक, सकर्मक और निष्काम लगता है। सुग्रीव सक्षम प्रशासक हैं, विभीषण की क्रियाएँ भेद-मूलक हैं। मानस का कलेवर वस्तुतः भरत, हनुमान, लक्ष्मण और अंगद ने ही सजाया है। प्रकाशन सौजन्य के लिए मेसर्स लग्गेज, लंदन के चि. इंदीप अहलूवालिया एवं चि. संदीप अहलूवालिया का हार्दिक धन्यवादी हूँ।

तथास्तु।

—नरोत्तम पांडेय

लंदन
दीपावली, २००७

अनुक्रम

महाबीर बिनवउँ हनुमाना

'महाबीर बिनवउँ हनुमाना।
राम जासु जस आप बखाना॥'

'रामचरितमानस' में हनुमानजी का सर्वप्रथम प्रवेश किष्किंधा कांड में होता है। यों वंदना के संदर्भ में बाल कांड की उपर्युक्त पंक्तियों में उनका नमन-वंदन किया गया है। प्रकारांतर की कथाओं में राम-जन्म के पश्चात् उनके बाल-रूप के दर्शन हेतु भगवान् भोलेनाथ शिशु-कीस हनुमानजी को भी अपने साथ ले गए थे, किंतु मानस में इसका उल्लेख नहीं है। श्रीराम और सुग्रीव का मिलन नितांत विरोधी मन:स्थितियों में हुआ, यह हनुमानजी ही थे जिन्होंने समन्वय-सेतु के रूप में 'पावक साक्षी देइ करि जोरी प्रीति दृढ़ाइ' दोनों में मित्रता कराई। सीता-हरण के बाद उन्हें खोजते दोनों भाई शबरी की कुटिया में पहुँचे। उसने उन्हें पंपा-सरोवर जाने की सलाह दी। कहा, वहाँ कपिपति सुग्रीव से मित्रता होगी। सीता की खोज में वह सहायक होंगे। भगवांन् श्रीराम सुग्रीव से मिलन की आतुरता में ऋष्यमूक पर्वत की ओर जा रहे थे। उनकी मन:स्थिति थी 'तहँ होइहि सुग्रीव मिताई,' और वहाँ भयाक्रांत सुग्रीव ने देखते ही सोचा—

'पठए बालि हौंहिं मन मैला।
भागौं तुरत तजौं यह सैला॥'

सुग्रीव ने राम और लक्ष्मण को आते हुए देखा। उन्होंने देखा कि जहाँ तक बल की सीमा हो सकती है और जिसकी तुलना किसी से नहीं की जा सकती, वैसे दो पुरुष-सिंह चले आ रहे हैं। दोनों-के-दोनों ही रूप और बल के निधान हैं। सुग्रीव भयभीत हो गए। भीत तो वह रहते ही थे। कुछ उनके वानर-वीर अन्य शिखरों पर से भाग खड़े हुए, किंतु सभी यूथपति उन्हें चारों ओर से घेर सतर्क हो गए। उनकी वानर-जनित चपलता और व्याकुलता को हनुमानजी ने राजोचित नहीं ठहराया, वीर पुरुष की भाँति धैर्य से काम लेने की सलाह दी।

सुग्रीव भीत ही नहीं थे, वह 'अति सभीत' थे। जब सीता की खोज करने के लिए विभिन्न दिशाओं में वानर यूथपतियों को भेजा जा रहा था, सुग्रीव एक-एक कर सबको बता रहे थे, पूरब में जाने पर यहाँ नदी, वहाँ वन, उसके आगे पहाड़, फिर झरना मिलेंगे। पश्चिम, उत्तर और दक्षिण दिशा में पड़नेवाले दुर्गम पथों और व्यवधानों को भी सुकंठ ने बताया। श्रीराम बहुत विस्मित हुए। सुग्रीव ने किसी कक्षा में भूगोल की शिक्षा पाई नहीं, नक्शा या ग्लोब कभी देखा नहीं, किंतु सभी दिशाओं के मार्गों और प्रतिरोधों का सही-सही विवरण प्रस्तुत कर रहे हैं। राम ने पूछा, 'मित्र, भूमंडल का यह ज्ञान तुम्हें कहाँ प्राप्त हुआ?' 'प्रभु बालि के प्रहारों से बचने के लिए सात बार भूमंडल की परिक्रमा की थी।' सुग्रीव ने उत्तर दिया—

'ताकें भय रघुबीर कृपाला।
सकल भुवन मैं फिरेउँ बिहाला॥'

अनुभव प्रत्यक्ष था। ऐसा व्यक्ति भले राजा ही क्यों न हो, भीत और अति सभीत होगा ही। उन्होंने हनुमानजी को वटुक रूप धारण कर श्रीराम के पास जाने को कहा और यह भी कहा कि बहुत बुद्धिमानी से उन दोनों से बात करके यह पता लगाएँ कि कहीं मुझसे प्रतिशोध लेने के लिए इन्हें बालि ने तो नहीं भेजा है। और बातचीत के इन तमाम संदर्भों

में हनुमानजी का मुख सदा सुग्रीव की ओर रहे, ताकि उनकी बातचीत की भंगिमाओं का सुग्रीव भी आकलन कर सकें। साथ ही, हनुमानजी उनकी दुर्भावनाओं का, यदि हों, तो संकेत देंगे, ताकि—

'पठए बालि होहिं मन मैला।
भागौं तुरत तजौं यह सैला॥'

क्या विचित्र विडंबना है, प्रभु श्रीराम चले आ रहे हैं कि 'तहँ हो इहि सुग्रीव मिताई' और सुग्रीव दो चित्त हैं कि 'भागौं तुरत तजौं यह सैला।' सुग्रीव भागने के लिए तैयार खड़े हैं। गीता में भीष्म पितामह ने दुर्योधन को हर्षित करने के लिए सिंहनाद करके शंख बजाया, प्रत्युत्तर-स्वरूप पांडव वीरों ने भी शंख ध्वनि की। उस ध्वनि से दुर्योधन क्या, समस्त 'धार्त राष्ट्राणां हृदयानि व्यदारयत्' धृतराष्ट्र पुत्रों के हृदय विदीर्ण हो गए। हर्ष-प्रवर्धन क्या होगा?

वन के शांत-एकांत निर्जन प्रांतर में जहाँ किंचित् कदाचित् ही मनुष्यों की गतिविधि दीख पड़ती हो, वहाँ शौर्य और सौंदर्य को मूर्तिमंत वीर वेश में सायुध विचरते देख हनुमानजी को भी असामान्य लगा होगा, किंतु किसी घबराहट या कौतूहल के बिना, अति सामान्य रूप से कपिराज सुग्रीव की आज्ञा शिरोधार्य कर विप्रवेश में 'पुरुष जुगल बल रूप निधाना' के पास गए। मानस में श्रीमद् हनुमद् का श्रीराम से यह प्रथम मिलन था और आगे की चार चौपाइयों तथा एक दोहे में बड़े ही विनय एवं विनीत भाव से उन्होंने पूछा है। यों तो सारे प्रश्नों के मूल में एक ही उद्देश्य था, 'पुरुष जुगल' के विचरण का 'हेतु' पता लगाना। किंतु प्रश्नों की गहराई में पड़ने पर 'ज्यों-ज्यों डूबे श्याम रंग त्यों-त्यों उज्ज्वल होय' चरितार्थ होता है। हनुमानजी ने सर्वप्रथम 'पुरुष युगल' की रूपाकृति देखी, उनका बाह्य वेश-परिवेश देखा और अंततः उनके पार-ब्रह्मत्व का अभिबोध किया। ये भक्त के अंतर्मन के उत्कर्ष और उपलब्धि की क्रमिक सरणियाँ हैं।

हनुमानजी ने पूछा, 'श्यामल-गौर शरीरवाले आप लोग कौन हैं? क्षत्रिय के वेश में वन में क्यों घूम रहे हैं? अग्रतः सकलं शस्त्रं, पृष्ठतः सशरः धनुः—यह रूप तो समाज के रक्षक का है। लता-द्रुमों से भरा वन आखेट की जगह है। यहाँ वह भी दुर्लभ है। जंगल की यह कंटकाकीर्ण धरती आपके लिए सर्वथा अयोग्य है। आपके चरण कोमल हैं। (हनुमानजी को क्या पता, विगत चौदह वर्षों से इसी 'कठिन भूमि' पर ये 'कोमल पद' संचरण कर रहे हैं।) वन में विचरने का आप लोगों का 'हेतु' क्या है? आपके शरीर बहुत ही मृदुल मनोहर और सुंदर हैं। फिर किस कारण वन की यातनाएँ, झंझा-झकोर, तेज हवाएँ और धूप सह रहे हैं?'

श्रीराम-लक्ष्मण पहले हनुमानजी को सामान्य व्यक्ति दीख पड़ते हैं, इनका वेश राजपुरुष का है। फिर स्वामी-भद्रो मानुस लगते हैं। अगली दृष्टि में उनके गषित्व देवत्व का बोध हनुमान लला को होता है और पूछ बैठते हैं—क्या आप नर-नारायण हैं या ब्रह्मा-विष्णु-महेश त्रिदेवों में से कोई हैं? सहसा उन्हें अखिल भुवनपति की ईश्वरता, अनंतता का भान होता है। कहीं 'जन्मादयस्य यतः' ही पृथ्वी का उद्धार करने के लिए, तारने के लिए, उसका भार कम करने के लिए मनुष्य-रूप में अवतरित तो नहीं हुए हैं?

'जग कारन, तारन भव भंजन धरनी भार।
की तुम्ह अखिल भुवन पति लीन्ह मनुज अवतार॥'

इतना कहकर हनुमानजी मौन हो गए। श्रीराम ने उत्तर दिया—हम कौसलेश दशरथ के पुत्र हैं। पिता की आज्ञा शिरोधार्य कर हम वन आए हैं। हमारा नाम राम और लक्ष्मण है। हमारे साथ एक सुकुमारी स्त्री भी थी। वन में राक्षसों ने उसका हरण कर लिया है। हम उन्हें ही ढूँढ़ते फिर रहे हैं। छोड़ो इन बातों को, अपनी बातें मैं कहाँ तक कहूँ? तुम बताओ, तुम कौन हो?

बँगला के भक्तकवि चंडीदास का तोता जब भी श्याम नाम का उच्चारण करता था, सुनते ही चंडीदास भावावेश में आ जाते थे, बेहोश

हो जाते थे। श्रीराम के मुख से उनका परिचय सुनते ही हनुमानजी प्रभु को 'पहिचानकर' उनके चरणों में अवनत हो गए। शरीर पुलकित, रोमांचित हो उठा। भगवान् के रूप-वेश को देखकर वाणी अवरुद्ध हो गई, मौन व्याप्त हो गया।

भगवान् ने स्वयं अरण्य कांड में कहा है—

'मम गुन गावत पुलक सरीरा।
गदगद गिरा नयन यह नीरा॥
काम आदि मद दंभ न जाकें।
तात निरंतर बस मैं ताकें॥'

प्रथम दर्शन में ही हनुमानजी ने अपना अनन्य भक्त रूप प्रस्तुत किया। वह रूप, जिसके वश में भगवान् निरंतर रहते हैं—

'प्रभु पहिचानि परेउ गहि चरना।
पुलकित तन मुख आवन बचना।
देखत रुचिर बेष कै रचना॥'

उपर्युक्त पंक्तियाँ अत्यंत ही सार गर्भित हैं।

पहिचानि' शब्द आया है। पहिचानना तभी संभव है, यदि उस व्यक्ति या वस्तु को पहले देखा या सुना गया हो। हनुमानजी ने रामजी को 'पहिचान' लिया। तात्पर्य है, पहले से हनुमानजी ने राम को देखा हो या उनके बारे में सुन रखा हो, जिससे कोसलेश 'दशरथ के पुत्र' सुनते ही उन्होंने राम-लक्ष्मण को पहचान लिया। ऐसी स्थिति में, तब बाबा भोलेनाथ के साथ बालरूप श्रीराम के दर्शनार्थ हनुमान के जाने की कहानी सच लगती है। उस कहानी के अंतर्गत बाल कीस हनुमान राम के मनोरंजन के लिए अयोध्या में तब तक रहते हैं, जब तक राम विश्वामित्र की यज्ञ रक्षा के लिए नहीं चले जाते। तभी तो पूर्व परिचित प्रभु को पहचान सके।

दूसरी बात, हनुमानजी का शरीर रोमांचित हो गया और वाणी मौन

हो गई। वे उनके रुचिर वेश की रचना देखने लगे या देखकर मौन हुए। अयोध्या में हनुमान ने राम को नृप-बालक के रूप में देखा था, देवराज को लज्जित करनेवाले वैभव-विलास में उन्हें लोटते-पोटते देखा था, आज वर्षों के अंतराल में देखा और देखा उस जटिल तपस्वी वनवासी रूप में। हनुमानजी का मूक-मौन हो जाना, किंवक्तव्यविमूढ़ हो जाना, सहज स्वाभाविक लगता है।

हनुमानजी को रुद्र का अवतार कहा जाता है। त्रेता युग में सेव्य भाव से वह इस रूप में अवतरित हुए थे। त्रैलोक्य चैतन्य श्रीनाथ विष्णु के अनंत श्री विभूषित, षड् ऐश्वर्य संपन्न रूप का अवलोकन किया था, या प्रतीति की थी। आज उन्हें क्षत्रिय रूप में, मानुष रूप में, अत्यंत दयनीय तपस्वी रूप में देखकर मौन हो गए। इसे स्वाभाविक नहीं तो और क्या कहा जाएगा?

आगे की चौपाइयों में हनुमानजी का निश्छल भक्त हृदय और भी प्रखर रूप में प्रकट होता है।

अब उन्होंने धैर्य धारण किया, संयत हुए। हर्षपूर्वक अपने नाथ को पहचाना। फिर स्तुति की। पूछा, नाथ आपकी माया के वश में आकर भूल गया, इसलिए मैं आपको नहीं पहचान पाया। किंतु आप परमेश्वर मनुष्य की तरह क्यों पूछ रहे हैं? मैं मद, मोह-ग्रस्त हूँ, मेरा हृदय कुटिल है, मैं अज्ञानी हूँ। हे दीनबंधु भगवान्! आपने भी मुझे भुला दिया है। मैं मानता हूँ, मुझमें बहुत दोष हैं, अवगुण हैं किंतु आपका सेवक हूँ। मुझे मत बिसराइए। हे नाथ, यह जीवात्मा आपकी दुस्तर माया से मोहित है। बिना आपकी कृपा के इसका उद्धार असंभव है। मुझे तो कोई भजन और उपाय भी नहीं आता। सेवक स्वामी के और पुत्र माँ के भरोसे ही तो रहते हैं, निश्चिंत रहते हैं।

यह एक भक्त हृदय की निश्छल आत्माभिव्यक्ति है अपने प्रभु के सम्मुख; आर्तभाव से अपने अंतर्मन को खोलकर रख दिया है, जो प्रभु का संस्पर्श पा धुल-धुलकर निष्कलुष हो गया है।

अब तक जो कुछ हुआ 'विप्र रूप' में हुआ। अब हनुमानजी ने अपना असली रूप, कपिरूप, प्रकट किया और व्याकुल होकर प्रभु के चरणों में गिर पड़े।

भगवान् श्रीराम ने हनुमान को उठाकर हृदय से लगा लिया, अपने अश्रुजल से उन्हें शीतल किया। कहा, लोग मुझे समदर्शी कहते हैं, किंतु मेरे अनन्य सेवक अतिशय प्रिय हैं। तुम अपने मन में किसी तरह की ग्लानि मत लाओ। तुम मुझे लक्ष्मण से अधिक प्रिय हो।

अपने सरल हृदय और अनन्य भक्ति से हनुमानजी ने प्रथम दर्शन में ही लक्ष्मण से दूनी प्रियता प्राप्त कर ली।

हनुमानजी ने देखा, प्रभु उन पर प्रसन्न है, अनुकूल हैं। मन में अति हर्ष हुआ। वह वीत-शोक हो गए।

हनुमानजी ने सोचा, जोड़ी अच्छी रहेगी, दोनों समान धर्मा हैं। मित्रता बराबरी की होगी।

राम-सुग्रीव दोनों ही राज्य-च्युत हैं।

दोनों निर्वासित वनवासी हैं। दोनों की विपदाओं के मूल में किसी-न-किसी रूप में भाई ही हैं।

दोनों की पत्नियों का हरण हो चुका है। जोड़ी अच्छी जमेगी।

कुछ समय के लिए हनुमानजी के मन में राम के परमेश्वरत्व पर मनुष्यत्व हावी हो गया। कहा, नाथ पर्वत के ऊपर कपिपति सुग्रीव रहते हैं। वे आप के अनुचर हैं। दीन, दयनीय और दुखी हैं। आप उनसे मित्रता करें। उस सभीत व्यक्ति को अभय करें। वह सीता माता की खोज अवश्य कराएँगे और जरूरत के अनुसार अनेक बंदरों को इधर-उधर भेजेंगे।

इस तरह हनुमानजी ने बड़ी बुद्धिमत्तापूर्वक श्रीराम को सारी बातें बताईं। दोनों भाइयों को अपने कंधों पर बैठाकर दुर्गम पर्वत पर ले चले।

श्रीराम तो सुग्रीव से मित्रता के इच्छुक थे ही। हनुमानजी ने दोनों ओर का परिचय कराया। अग्नि को साक्षी दे, दोनों पक्षों का प्रेम सुदृढ़

करते हुए मित्रता कराई।

साक्षी-स्वरूप हनुमानजी ने अग्नि को रखा था। वस्तुतः तीनों व्याहृतियों में जो हवन का विधान है, वह किसी-न-किसी रूप में अग्नि को निमित्त करके दिया जाता है। भू, अंतरिक्ष और भूलोकों में अग्नि, वायु या विद्युत् तथा सूर्य रूप में एक ही तत्त्व विभासित है। मित्रता के लिए साक्षी-स्वरूप अग्नि का वैश्विक महत्त्व है।

☐

हनुमानजी ने सूर्य से शिक्षा पाई थी। हालाँकि बालपन में इन्होंने रवि को भक्ष लेने का प्रयत्न किया था या कर लिया था। पुनः देवताओं के अनुनय-विनय करने पर छोड़ दिया था। जब शिक्षा ग्रहण करने की इनकी अवस्था हुई, तो सूर्य के पास गए और कहा, 'गुरु रूप में मैं आपको वरण करना चाहता हूँ।' सूर्यदेव ने उत्तर दिया, 'मेरी तो कोई स्थायी पाठशाला नहीं है, मैं तो निरंतर गतिमान हूँ। फिर भी, यदि तुम मेरे 'वाकिंग सेमीनार' में कुछ सीखना चाहते हो, हम आमने-सामने नहीं हो सकते।'

हनुमानजी ने 'वाकिंग सेमीनार' में पढ़ना निश्चित किया। सूर्य के परिभ्रमण मार्ग पर सूर्य की ओर मुँह करके पीछे-पीछे चलते रहे। ऐसी कठिन तपस्या से हनुमान ने अल्पकाल में ही शिक्षा पूरी कर ली।

गुरु दक्षिणा रूप में सूर्य भगवान् ने हनुमानजी को निर्देश दिया, सुग्रीव उनका पुत्र है, उसी की रक्षा करें। गुरु की आज्ञा शिरोधार्य कर हनुमानजी ने सुग्रीव की सेवा स्वीकार की। मानस में शवरी का श्रीराम से सुग्रीव की मित्रता होने की बात कहना तथा समस्त वानर भूपतियों और रीछों का सुग्रीव का साथ देना सुग्रीव के पक्ष को न्यायिक आधार देता है। साथ ही, बालि अपने शक्तिमद में नितांत एकाकी और अलग-थलग दीखता है। सुग्रीव की सेवा हनुमानजी के लिए जहाँ एक ओर गुरु आज्ञा है, वहीं दूसरी ओर न्यायोचित भी है।

राम-सुग्रीव मैत्री और बालि-वध हुए कई मास बीत गए। वर्षा

ऋतु आई और चली गई। शरद ऋतु के सुहाने मौसम में काँस फूलकर सारी धरती पर छा गए। सर-सरिताओं का जल, जो वर्षाकाल में गँदला हो गया था, निर्मल होकर शोभित होने लगा। शरद की ऊष्मा रात में चंद्र शीतल करने लगा, परिवेश उद्दीपक होने लगा। प्रभु श्रीराम को चिंता हुई, मन में आह भरकर लक्ष्मण से कहा—

'बरषा गत निर्मल रितु आई।
सुधि न तात सीता कै पाई॥'

और जिससे अपेक्षा थी, करोड़ों बंदरों को भेजकर सीता की खोज कराएँगे तथा जिसने आँखों में आँसू भरकर कहा था—

'कह सुग्रीव नयन भरि बारी।
मिलिहि नाथ मिथिलेसकुमारी॥'

उसने भी मेरे काज को, अपने पूर्व संकल्प को बिसार दिया—

'सुग्रीवहुँ सुधि मोरि बिसारी।
पावा राज कोस पुर नारी॥'

हनुमानजी ने दोनों में मित्रता कराई थी, सीता खोज का आकर्षक चित्र प्रस्तुत किया था, वह अपने कर्तव्य से असावधान नहीं थे। इन्होंने मन में विचार किया कि सुग्रीव राम-काज को बिसार रहा है, उसमें लापरवाही कर रहा है। प्राप्त सुख-संपदा की संलिप्तता और भोग में वह डूब गया है।

हनुमानजी सुग्रीव के पास गए। प्रणाम किया। राम के साथ हुई बातचीत और वचनबद्धता की याद दिलाई। संबंध निर्वाह और राजनय की बात बताई। हनुमानजी को ज्ञानियों का अग्रगण्य कहा गया है। उन्होंने साम, दाम, दंड और भेद की नीतियों, उनके होनेवाले भयंकर परिणामों की चर्चा की। सभीत रहनेवाला सुग्रीव अपनी प्रतिबद्धता की

असावधानता से काँप गया। स्वीकार किया, विषय-भोग ने उसके ज्ञान को नष्ट कर दिया था। रामकाज में अब विलंब नहीं होना चाहिए। सुग्रीव ने हनुमानजी को निर्देश किया कि वह समस्त वानर यूथपतियों के पास अपने दूत भेजें। उन्हें संदेश भेजें कि जो पंद्रह दिनों में यहाँ नहीं आएगा तो मेरे हाथों मारा जाएगा।

हनुमानजी ने दूतों को बुलाया। उनका सम्मान किया, भय और प्रेम भी दिखाया। उनका कर्तव्य बताकर उन्हें विदा किया।

□

इसी समय राम के आदेश से सुग्रीव को भय दिखाकर ले जाने के लिए लक्ष्मणजी वहाँ आए। क्रोधवंत लक्ष्मण को देखते ही वानरगण भाग खड़े हुए। सुग्रीव तो भयाक्रांत हो आकुल-व्याकुल हो गए। हनुमानजी ने कहा कि वह तारा को साथ ले विनयपूर्वक लक्ष्मणजी को शांत करें। यह चातुरी हनुमानजी की ही थी कि 'धनुष चढ़ाइ कहा तब, जारि करउँ पुर छार' का घोष करनेवाले लक्ष्मणजी को शांत किया तथा विनयपूर्वक राज-प्रासाद में ले गए। जब लक्ष्मण का क्रोध शांत हुआ तब सुग्रीव उनके सम्मुख गए।

दोनों पक्षों के साथ हनुमानजी की यह प्रतिबद्धता है। अपने दायित्वों को भूल, राग-रंग में डूबे सुग्रीव को जहाँ एक ओर जगाते हैं, दूसरी ओर क्रोधवंत, नगर को जलाकर छार करने की बात करनेवाले लक्ष्मणजी को भी शांत करते हैं।

महाराज सुग्रीव का संदेश पा यूथपति वानर समस्त दिशाओं से वहाँ आ गए। सुग्रीव ने 'राम काजु अरु मोर निहोरा' की बात करके उन्हें सीता की खोज में देश-देशांतर में भेज दिया। समय-सीमा भी निर्धारित कर दी। कहा कि एक मास में सीता का पता लगाकर तुम लोग आ जाना। महीने के भीतर यदि पता न चला और बिना पता लगाए लौट आए तो मैं सबको मार डालूँगा।

अंत में अंगद, नल, नील, जामवंत और हनुमंत को बुलाया। यह

तो पता चल ही गया था, रावण सीता को हरकर दक्षिण दिशा में ले गया है। अतः इन मतिधीर सुभटों को दक्षिण दिशा में जाने को कहा और राम का काज सँवारने के लिए मन, वाणी और कर्म से यत्न करने को भी कहा।

राजा के चरणों में प्रणाम कर वानर वीर अपने कर्तव्य-पथ पर जाने लगे। अंत में पवन-तनय प्रणाम करने आए। प्रभु श्रीराम ने उन्हें पास बुलाया। अपने कमल-करों से उनका मस्तक स्पर्श किया तथा सर्व समर्थ जन समझ उन्हें अपनी मुद्रिका उतारकर दी। कहा, वह सब तरह सीता को समझाएँगे। राम की शक्ति और वियोग की तीव्रता सीता को बताकर शीघ्र चले आएँगे।

हनुमानजी धन्य हो गए। जीवन सफल हो गया। प्रभु ने उन्हें पहचाना, अपना कार्य करने की क्षमता उनमें देखी, तभी तो अपनी मुद्रिका उन्हें ही दी। मन में कृपानिधान को रखकर हनुमान भी प्रस्थित हुए।

सर-सरित, गिरि-कानन को पार कर सुभटों का दल दक्षिण दिशा में जा रहा था। कंटकाकीर्ण दुर्गम मार्ग की कठिनाइयों के साथ मार्ग में आतप-वात का सामना करना पड़ रहा था। रास्ते में वंचक और साधु भी कम नहीं मिलते थे। कभी किसी गुफा में ये झाँकते थे, कभी किसी मुनि से सीता का पता जानने के लिए सभी उन्हें घेर लेते थे।

सभी वानर घने जंगल में खो गए, जल का कहीं अता-पता नहीं था। प्यास से सभी आकुल हो गए। हनुमान को लगा कि जल के अभाव में सभी मारे जाएँगे।

प्रत्युत्पन्नमति हनुमानजी एक शिखर पर चढ़ गए। चारों तरफ निहारा और एक कौतुकपूर्ण दृश्य देखकर अभिभूत हो गए। भूमि के भीतर एक विवर था। उस विवर से जल पक्षी—हंस, वक, चक्रवाक आदि आ-जा रहे थे। वस्तुतः नभचरों का भूमि-विवर के भीतर जाना-आना आश्चर्यजनक है। साथ ही इनका जल-सेवी होना यह संकेत

करता है कि निकट में ही कहीं जल है।

हनुमानजी शैल-शिखर से उतर आए। सभी को साथ ले उस विवर के पास गए। उस घने अंधकार में सबके आगे चलते हुए सभी संकटों को पार कर रम्य सरोद्यान देखा। यह स्वयंप्रभा की तपस्थली थी। हनुमानजी ने निर्भीकतापूर्वक अपनी भूख-प्यास की समस्या उसे बताई। उसके कहने पर सबने 'मज्जन कीन्ह मधुर फल खाए।' हनुमानजी के प्रयत्न और बुद्धिमत्ता से सबकी जान बच पाई।

अन्वेषी दल की कथा सुनकर हनुमानजी की कृपा से ही उस तपस्विनी ने उस दुर्गम अंध-विकर के रम्य परिवेश से अपने तपबल के द्वारा सबको आँख मूँदते ही सागर तट पर पहुँचा दिया। सागर तट का दृश्य ही अनोखा था। सुग्रीव द्वारा दी गई सीता-खोज की अवधि स्वयंप्रभा के भूमि-विवर में ही बीत गई थी। सिंधु-तीर पहुँचते ही जीवन की चिंता सताने लगी, भविष्य अंधकारमय दिखाई देने लगा। अंगद के हृदय-विदारक संलाप ने सबको हिला दिया—

'कह अंगद लोचन भरि बारी।
दुहुँ प्रकार भइ मृत्यु हमारी॥
इहाँ न सुधि सीता कै पाई।
उहाँ गएँ मारिहि कपिराई॥'

अंगद सबकी आसन्न मृत्यु की बात करते थे, वानर वीरों के पास रोने के अलावा कोई उपाय नहीं था। जामवंत ने उन्हें बहुत समझाया। इन सब की बातें सुनकर संपाती गिरि-कंदरा से बाहर निकला। उन सबको अपनी मृत्यु दूर किष्किंधा में दिखाई दे रही थी, पर अब सामने प्रत्यक्ष थी। संपाती ने वानरों को देखते ही कहा—

'आजु सबहि कहँ भच्छन करऊँ।
दिन बहु चले अहार बिनु मरऊँ॥

कबहुँ न मिल भरि उदर अहारा।
आजु दीन्ह बिधि एकहिं बारा॥'

यह अंगद की वचन-चातुरी थी, उन्होंने जटायु का गुणगान किया, जिसे सुन संपाती ने उन सबको अभयदान दिया। अपनी गिद्ध-दृष्टि की व्यापकता से बताया—

'गिरि त्रिकूट ऊपर बस लंका।
तहँ रह रावन सहज असंका॥
तहँ असोक उपबन जहँ रहई।
सीता बैठि सोच रत अहई॥'

सीता का पता चल गया। खोज-कार्य समाप्त हुआ। सीता को रावण ले गया है। वह दक्षिण दिशा में गया है, यह तो ज्ञात ही था। पता लगाना था कि उनको कहाँ रखा है ? सीता कैसी हैं ?

संपाती के अब तक सीता का हाल बता देने मात्र से तथा रामकृपा से उनके पंख निकल आए थे। वह चला गया, उसके जाते ही वानर वीर अपनी सागर संतरण की शक्ति तौलने लगे।

बहुतों को समुद्र पार करने में संशय हुआ। जामवंत को अपने बुढ़ापे पर तरस आया। अंगद ने कहा, पार तो मैं जा सकता हूँ किंतु लौटकर आने में संशय है। हनुमानजी इन समस्त परिस्थितियों से निरपेक्ष थे। वह शांत भाव से राम नाम संकीर्तन में तल्लीन थे।

हनुमानजी के साथ समस्या थी कि वह अपनी शक्ति का आकलन स्वयं कर ही नहीं सकते थे। बचपन में हनुमानजी अति चंचल थे। उनके निवास के निकट बहुत से ऋषि-मुनि रहते थे। अपनी बाल-सुलभ चपलता से ऋषियों का सामान इधर-उधर कर देते थे। यहाँ तक कि उनकी कौपीन और कमंडलु भी फेंक देते थे। ऋषियों ने इन्हें शाप दे दिया था, तुम्हें अपनी शक्ति का ज्ञान नहीं रहेगा। जब तक दूसरा व्यक्ति

स्मरण नहीं दिलाएगा, अपनी शक्ति याद नहीं आएगी।

जामवंत ने देखा, हनुमानजी चुप हैं। कहा, हे वीर! तुम क्यों मौन हो? पवनपुत्र तुम्हारा बल पवन के समान है। तुम वायु की तरह सर्वत्र गम्य हो। विवेक-बुद्धि और ज्ञान में कोई तुम्हारी बराबरी नहीं कर सकता। संसार में तुम्हारे लिए कोई भी कार्य कठिन नहीं है और तुम्हारा तो अवतार ही रामकाज करने के लिए हुआ है।

बस कहने की देर थी। सुनते ही हनुमानजी पर्वताकार हो गए। उनका स्वर्ण वर्ण तेजोदीप्त हो गया। लगा, साक्षात् दूसरे पर्वतराज ही उपस्थित हो गए हैं। वह बार-बार गर्जन करने लगे। उन्हें अपनी शक्ति का ज्ञान हो गया। कहने लगे, मैं समुद्र को लाँघ जाऊँगा; लाँघने की बात ही क्या, मैं उसे पी जाऊँगा। मैं अकेला ही रावण को मार डालूँगा। लंका क्या, पूरे त्रिकूट पर्वत को उखाड़कर ला दूँगा।

हनुमानजी को लगा, कुछ अधिक ही उत्साहित हो चले हैं। अतिरेक में कुछ ज्यादा ही बोल रहे हैं, उन्होंने जामवंत से पूछा, 'मुझे क्या करना चाहिए। मेरा उचित मार्ग-निर्देशन करें।'

जामवंत ने कहा, 'आप लंका जाकर केवल सीता को देख आवें। बाकी उनके उद्धार का कार्य स्वयं भगवान् श्रीराम ही करेंगे।'

चलते समय श्रीराम ने भी हनुमानजी से कहा था—

'बहु प्रकार सीतहि समुझाएहु।
कहि बल बिरह बेगि तुम्ह आएहु॥'

किंतु हनुमान लला शायद भूल गए थे। जामवंत के याद दिलाने पर उन्हें अपना कर्तव्य स्मरण हो आया।

जामवंत की बातें हनुमानजी को अच्छी लगीं। सागर के किनारे खड़े पर्वत पर खेल-खेल में ही कूदकर ऊपर चढ़ गए। बार-बार 'जय राम' का घोष किया। समुद्र में कूद गए। जिस तरह रघुवीर का अचूक बाण जाता है, उसी तरह हनुमानजी आगे बढ़े।

यहाँ से सुंदरकांड का प्रारंभ है। सुंदरकांड के बारे में कहा गया है—

‘सुंदरे सुंदरी गाथा सुंदरे शैल सुंदरम्।
सुंदरे सुंदरी सीता सुंदरे किमसुंदरम्?’

सुंदरकांड में सबकुछ सुंदर ही है। वस्तुतः किष्किंधा और संपूर्ण सुंदरकांड मानस के वे अंश हैं, जहाँ हनुमानजी बाकी सब पर भारी पड़ते हैं।

हनुमानजी सागर के ऊपर संतरण कर रहे थे। सागर के मन में कई बातें उठीं। सगरपुत्रों ने ही सागर को रूपाकार दिया था। राम उनके वंशधर हैं, हनुमान उनके दूत हैं। इनका सत्कार-सम्मान होना चाहिए।

दूसरी बात, सागर अगर जलतत्त्व के निधि हैं, हनुमान उनके समानधर्मी वायु के पुत्र हैं, वायु ने कभी मैनाक की रक्षा की थी, अतः सागर में पधारने पर उनका आतिथ्य होना चाहिए।

जलनिधि ने मैनाक पर्वत को हनुमानजी को विश्राम देने के लिए भेजा। हनुमानजी को विश्राम करने का विश्राम कहाँ था? हाथों से स्पर्श कर पर्वत को प्रणाम किया—जलनिधि के भेजे मैनाक को सम्मान दिया। कहा ‘राम काजु कीन्हें बिना मोहि कहाँ विश्राम’ और चलते बने।

हनुमानजी कुछ ही आगे बढ़े थे कि देव-प्रेरित सुरसा उनका रास्ता रोककर खड़ी हो गई। हनुमानजी के किसी अनुनय-विनय को उसने नहीं माना। उन्हें खा जाने के लिए अपने शरीर का विस्तार किया। हनुमानजी ने ‘अति लघु’ रूप धारण कर उसकी शारीरिक विस्तृति को निरस्त कर दिया। सुरसा को हनुमान के बल-बुद्धि का मर्म मालूम हो गया। उन्हें आशीर्वाद दे वह लौट गई।

आगे बढ़ने पर आकाश-गामियों की विपदा सिंहिका मिली। आकाश-मार्ग से जानेवालों की छाया पकड़कर वह उनकी गति अवरुद्ध कर देती थी। उसने हनुमानजी को पकड़ लिया। हनुमानजी ने उसकी कंपट-नीति पहचानी। उन्होंने उसे यमलोक भेजा, फिर समुद्र पार हुए।

गिरि पर चढ़कर उन्होंने लंका देखी। क्या ही सुंदर, सुहानी और रमणीक थी लंका नगरी! सोने के परकोटे बने थे। वन-उपवन, वाटिका, सर-कूप, वापी से शोभित और यत्नपूर्वक करोड़ों विकट शरीरवाले भटों से रक्षित त्रिकूट के ऊपर स्थित लंका अद्भुत दिखाई दी। रक्षकों को देखकर हनुमानजी ने सोचा, अपने बल-बुद्धि के अभिमान में दूत से स्वामी का काम बिगड़ जाता है। ऐसा नहीं होना चाहिए। इसलिए हनुमानजी ने रात होने तक लंका प्रवेश की प्रतीक्षा की। फिर मच्छर के समान छोटा रूप धारण कर लंका में प्रवेश किया।

सर मुँड़ाते ही ओले पड़े। नगर-रक्षकों से बचने के लिए हनुमानजी ने छोटा रूप बनाया था। जैसे ही प्रवेश किया, राक्षसी लंकिनी ने उन्हें पकड़ लिया और कहा, 'मुझे छोड़कर कहाँ जा रहे हो? जानते नहीं हो, जितने भी चोर हैं, सभी मेरे आहार हैं?'

हनुमानजी ने घूमकर एक जोरदार मुष्टिका प्रहार किया। वह रुधिर-वमन करती हुई वहीं गिर गई। फिर अपने को सँभाला, ब्रह्मजी द्वारा कही गई बात बताई। उसने हनुमानजी की कार्य-सफलता हेतु अनेक शुभकामनाएँ दीं।

सुंदरकांड के अंतर्गत आनेवाली तीनों महिला चरित्रों में सुरसा को लोकैषणा, सिंहिका को ईर्ष्या और लंकिनी को प्रवृत्ति कहा गया है। हनुमानजी ने तीनों के साथ नाप-तौलकर व्यवहार किया। सुरसा के सामने अपने को अति लघु रूप शून्य बना लिया, ताकि सुरसा देख ही नहीं पाए। उसे जीवित छोड़ दिया ताकि लोकैषणा से ही सही, लोग अच्छे-अच्छे कामों को करने के लिए आकृष्ट रहेंगे।

ईर्ष्या अपने से बड़े बननेवाले को खींचकर नीचे गिरा देती है—जैसे सिंहिका करती थी। ईर्ष्या के बने रहने का कोई औचित्य नहीं था। अतः हनुमानजी ने इसे परलोक पठाया। लंकिनी प्रवृत्ति है—भोग की प्रवृत्ति। हनुमानजी ने उसे वैराग्य की मुष्टिका मारी। रक्त के रूप में उसकी भोग-वृत्ति का वमन हुआ। उसकी पूर्णतः निवृत्ति हो गई और

हनुमानजी के प्रति अनेकश: आशीर्वाद फूट पड़े।

हनुमानजी ने अत्यंत छोटा रूप बनाया। नगर के भवनों की तलाशी लेनी शुरू की। अति विचित्र दशानन के भवन में गए। किंतु वहाँ वैदेही दिखाई नहीं दीं। उन्होंने इधर-उधर के अन्य भवनों का अवलोकन किया। एक घर अन्य घरों से भिन्न था। नई तुलसिका थी, रामायुध अंकित था। वह विभीषण का घर था। हनुमान और विभीषण का मिलन हुआ। (विभीषण से मिलन हुआ बातों-ही-बातों में सारी बातें मालूम हुईं। विभीषण ने बताया कि सीता कहा हैं, कैसे हैं और किस तरह उनके दर्शन होंगे? हनुमानजी अशोक वाटिका की ओर चले। अशोक वाटिका में सीताजी के दर्शन हुए।

'कृस तनु सीस जटा एक बेनी।
जपति हृदयँ रघुपति गुन श्रेनी॥'

हनुमानजी ने मन-ही-मन सीता को प्रणाम किया। उनकी दशा देख परम दुखी हुए। सोचने लगे, अब क्या करना चाहिए। भावी आशंका देख वृक्ष के पत्तों में छिप गए। उसी समय अनेक सुंदरियों के साथ रावण का वहाँ आना, तरह-तरह से सीता को डराना, मारने के लिए उत्तेज़ित होना, मंदोदरी का समझाना, महीने भर में बात न मानने पर सीता को मारने की धमकी देना, त्रिजटा का स्वप्न बताना, फिर सीता का आत्मदाह करने की बात कहना हनुमानजी ने पत्तों में छिपे-छिपे देखा और सुना। राम के विरह की अग्नि में दग्ध होती सीता को देख हनुमानजी विकल हो गए। उन्होंने धीरे से मुद्रिका गिरा दी। राम-नाम अंकित मुद्रिका को देख सीता चकित ही नहीं, हर्ष-विषाद से व्याकुल हो गईं। हर्ष इस बात का कि रघुनाथ ने मेरी सुधि ली, किसी-न-किसी माध्यम से अपनी मुद्रिका भेजी। किंतु सहसा आशंका से मन भर गया कि कहीं राम को कुछ हो न गया हो। अन्यथा यहाँ मुद्रिका कैसे आई! सीता के प्रबल आत्मबल ने साथ दिया। पर

विचारों के ऊहापोह में वह चिंतित हो उठी।

हनुमान ने सोचा, अच्छा मौका है, फिर मीठी वाणी में श्रीराम का गुणगान करने लगे। सीता को अच्छा लगा। कानों के लिए अमृत समान कथा सुनानेवाले को देखने की इच्छा बलवती हो उठी। हनुमानजी उनके सम्मुख आए। सीता ने क्षुब्ध भाव से मुँह फेर लिया। राक्षसों के कामरूप से भी तो भयभीत थीं। राम की शपथ लेकर हनुमानजी ने अपने को राम का दूत बताया, साथ ही यह भी बताया कि वह मुद्रिका वही लाए हैं। भगवान् श्रीराम ने निशानी के रूप में मुद्रिका दी थी।

कपि की बातों पर सीताजी को विश्वास हो गया। पहले ही सवाल में उन्होंने अपना नहीं, अनुज सहित सुख-सदन श्रीराम की कुशलता पूछी। फिर कहा, वह तो कोमल हृदय हैं, मेरे प्रति इतने कठोर क्यों हो गए हैं? क्या कभी रघुनाथजी मुझे याद भी करते हैं? प्रश्नों के वेग से वाणी अवरुद्ध हो गई।

'बचनु न आव नयन भरे बारी।
अहह नाथ हौं निपट बिसारी॥'

वचन की मूकता जहाँ एक ओर जानकी की विवशता, दयनीयता व्यक्त करती है, वहीं आँखों में भरे प्रेमाश्रु प्रणय की प्रगल्भता एवं विरह की तीव्रता व्यंजित करते हैं।

हनुमानजी ने सीताजी को अति विरहाकुल देखा, फिर बताया कि अनुज के साथ प्रभु सकुशल हैं; केवल आपके वियोग-जनित दुख से दुखी हैं।

किष्किंधा से चलते समय रघुनाथजी ने कहा था, 'कहि बल बिरह बेगि तुम्ह आएहु।' हनुमानजी को राम के वियोग-विरह और शक्ति का एहसास भी सीताजी को कराना था। उन्होंने कहा, आपके वियोग में प्रभु को सबकुछ प्रतिकूल ही लगता है। वृक्षों के कोमल पत्ते आग समान लगते हैं। रात कालरात्रि जैसी लगती है और स्निग्ध शीतल

चंद्रमा सूर्य-सी ऊष्मा देता है, कमल वन नुकीले भालों सा लगता है और लगता है कि मेघ तप्त तेल बरसा रहे हैं। जिन्हें देख आनंद होता था, वही पीड़ा दे रहे हैं। शीतल-मंद-सुगंध हवाएँ अब सर्प की गरम साँसें लगती हैं। भगवान् ने कहा था—

'तत्व प्रेम कर मम अरु तोरा।
जानत प्रिया एकु मनु मोरा॥
सो मनु सदा रहत तोहि पाहीं।
जानु प्रीति रसु एतनेहि माहीं॥'

इन चौपाइयों में भगवान् के हृदय की प्रेम-ऊष्मा तथा विरह की आकुलता का सागर 'प्रीति रस' के गागर में भर आया है।

हनुमानजी ने श्रीराम के शौर्य का भी वर्णन किया। बताया, राक्षसों की सेना पतंगों के समान है, रघुपति के बाण अग्नि हैं। सारे पतंगे जल जाएँगे। यदि श्रीराम को आपका पता होता, आपके उद्धार में इनती देर नहीं करते। मैं आपको अभी ले चलता, पर प्रभु की ऐसी आज्ञा नहीं है। आप कुछ दिन और धीरज रखें। सैन्य समेत रघुनंदन यहाँ आएँगे और निशिचरों को मारकर आपको ले जाएँगे।

कपि का लघु रूप देख सीता के मन में वानरों की शक्ति पर संदेह हुआ। हनुमानजी ने 'कनक भूधराकार शरीरा, समर भयंकर अति बलबीरा' रूप दिखाया, सीताजी के संदेह का निवारण किया।

सीता माता प्रसन्न हो गईं और आशीर्वाद दिया—

'होहु तात बल सील निधाना।
अजर अमर गुननिधि सुत होहू।
करहुँ बहुत रघुनायक छोहू॥'

हनुमानजी निहाल हो गए। माता ने अपना अमोघ आशीर्वाद उन्हें दे दिया। उन्होंने बार-बार माता के चरणों में प्रणाम किया। माता ने

अपने अमोघ आशीर्वाद से, वात्सल्य से हनुमान लला को सराबोर कर दिया। वह अशोक वाटिका में खड़े थे। चारों तरफ सुंदर वृक्ष और उनपर मधुर फल लगे हुए थे। हनुमानजी के मुँह में पानी भर आया, 'अतिशय भूख' लगी थी। यों कई दिन पूर्व स्वयंप्रभा के उद्यान में ही जो कुछ खाया था, उसके बाद कुछ खाने की फुरसत ही नहीं मिली या खाने को कुछ मिला ही नहीं। भूख लगना स्वाभाविक था।

माता से उन्होंने आज्ञा माँगी। माता का वात्सल्य तो उमड़ा ही था, बस भय था सुभट और क्रूर राक्षस रखवालों का। हनुमानजी ने रखवालों का भय निर्मूल कर दिया। माता ने अनुमति कर दी, 'तात मधुर फल खाहु।'

फिर क्या था, बाग में घुसे और 'फल खाएसि तरु तोरै लागा।' रखवालों ने रोका। कुछ मारे गए, कुछ ने भागकर रावण को सूचित किया। एक बड़ा भारी बंदर वाटिका में आया है। उसने अशोक वाटिका उजाड़ दी। फल खाए, वृक्षों को तोड़ दिया, राक्षसों का मर्दन करके जमीन पर पटक दिया।

रावण ने कई वीरों को भेजा, अपने पुत्र अक्षय कुमार को भेजा। हनुमान द्वारा सभी मौत के घाट उतारे गए। फिर मेघनाद आया। हनुमान ने उसे विरथ कर दिया। उसके साथ के शूरमाओं को मसल डाला। मेघनाद को भी मुष्टिक प्रहार से हनुमान ने मूर्च्छित कर दिया। मेघनाद ने ब्रह्मास्त्र का संधान किया। ब्रह्मशर को महिमा देकर हनुमानजी उसमें बँध गए।

हनुमानजी रावण की सभा में लाए गए। विचित्र सभा थी—देवता और दिग्पाल हाथ जोड़े खड़े थे। भय से रावण की ओर निहार रहे थे। पर हनुमानजी पर इसका कोई प्रभाव नहीं था। वह गरुड़ की तरह अशंक थे। रावण ने एक ही साँस में उनसे पाँच प्रश्न पूछे : 'अरे बंदर! तू कौन है? किसके बल पर तूने अशोक वाटिका उजाड़ी? तुम अति अंशक दीखते हो, क्या मेरा विरद नहीं सुना है? तुमने राक्षसों का वध क्यों किया? क्या तुम्हें अपने प्राण का भय नहीं है?'

वेदांत के माध्यम से हनुमान ने संक्षेप में ही उत्तर दे दिया। कहा, देवताओं की रक्षा के लिए जो अनेक रूप धारण करते हैं, जिनकी पत्नी को तूने चुराया है, मैं उनका दूत हूँ। दूसरे शब्दों में मैं जन्माद्यस्य यतः का दूत हूँ और तुम चोर हो।

हाँ, तुम्हारी प्रभुता, तुम्हारा विरुद मैंने सुना है, एक बार सहस्रबाहु से तुम्हारी लड़ाई हुई थी और तुम बुरी तरह से पराजित हुए थे। बालि ने भी महीनों तक तुम्हें अपनी काँख में दबाए रखा था।

मुझे भूख लगी थी, इसलिए फल खाए। वृक्ष-लताओं को तोड़ना बंदर का स्वभाव है। जहाँ तक मारने का सवाल है, तुम्हारे राक्षसों ने ही मुझे मारा है और

'जिन्ह मोहि मारा ते मैं मारे।
तेहि पर बाधेउँ तनयँ तुम्हारे॥'

तुम्हारे बेटे ने मेरे साथ अन्याय किया है।

अब तक के उत्तर ने रावण पर कोई प्रभाव नहीं डाला। आगे विनयपूर्वक हाथ जोड़कर कहा—

'जाकें डर अति काल डेराई।
जो सुर असुर चराचर खाई॥
तासों बयरु कबहुँ नहिं कीजै।
मोरे कहें जानकी दीजै॥'

'प्रनत पाल रघुनायक करूना सिंधु खरारि।
गएँ सरन प्रभु राखिहैं तव अपराध बिसारि॥'

श्रीराम की शक्ति-श्लाघा, जानकी लौटाने और राम की शरण में जाने की बातें रावण के अंतर्मन को आहत तो कर ही रही थीं, मगर वह हँसकर टाल रहा था। हनुमानजी ने उस युगपुरुष को भरी सभा में

मतिभ्रम-पागल घोषित किया, तब अभिमान का मूर्तिमंत पुतला रावण तिलमिला उठा। अपने क्रोध को रोक नहीं पाया। बोला, इस मूढ़ को शीघ्र ही मार डालो। राक्षस हनुमानजी को मारने दौड़े।

यह एक संयोग ही था। इसी समय विभीषण वहाँ आ गए। उन्होंने दूत का वध नीति-विरुद्ध बताया। सबने इस बात पर सहमति जताई।

दसकंध ने कहा, वानर को पूँछ बहुत प्यारी होती है। इसलिए तेल में कपड़ा भिगोकर इसकी पूँछ में बाँधो और आग लगा दो। ऐसा ही किया गया—'रहा न नगर बसन घृत तेला'। नगर के सारे कपड़े, घी और तेल कपि की पूँछ के साथ लपेट दिए गए। कपि ने और खेल रचा—

'बाढ़ी पूँछ कीन्ह कपि खेला॥'

संयोग ही था, पूँछ में आग लगाते ही हनुमानजी उछल-उछलकर स्वर्णिम अटारियों पर चढ़ने लगे और उधर 'मरुत उनचास' लगा बहने।

क्षण भर में, **'जरइ नगर अनाथ कर जैसा॥'**

उस समय ऐसा लगा जैसे लंका का कोई मालिक नहीं है। क्षण भर में पूरी लंका नगरी दहन हो गई।

'उलटि पलटि लंका सब जारी।
कूदि परा पुनि सिंधु मझारी॥'

इस सारे अग्नि प्रकरण में आश्चर्य यह कि विभीषण का घर नहीं जला, साफ बच गया।

सीता का पता लगाया जा चुका था, अशोक वाटिका उजड़ चुकी थी, लंका दहन का भी काम पूरा हो चला था। हनुमानजी सीता माता से विदा लेने आए। माता से कुछ 'चीन्हा' माँगा और फिर उन्होंने अपना चूड़ामणि दिया। हनुमानजी को कहा कि वह माता की ओर से श्रीराम

को प्रणाम कहेंगे। समय सीमा के भीतर यदि दीनदयाल नहीं आएँगे तो मुझे जीवित नहीं पाएँगे—

'मास दिवस महुँ नाथु न आवा।
तौ पुनि मोहि जिअत नहिं पावा॥'

माता को अनेक प्रकार धीरज देकर, चरणों में प्रणाम कर हनुमानजी वानरों के पास लौट आए।

हनुमानजी की प्रपत्ति

किलकारियाँ भरते हनुमानजी सिंधु के इस पार पहुँचे। उनके प्रसन्न मुख और तन के तेज को देखकर लगा, उन्होंने सीता का पता लगा लिया है। वानर यूथपतियों ने नया जन्म पाया। उनकी स्थिति 'तलफत मीन पाव जिमि बारी' की हो गई। सभी वानर मधुवन में जाकर मधुर फल खाने लगे। मधुवन के उजार का समाचार पाकर वानरराज सुग्रीव समझ गए कि सीता का पता लगा लिया है।

सभी श्रीराम के पास चले; किंतु बिना प्रोपर चैनल के जा कैसे सकते थे ? सभी महाराज सुग्रीव के पास गए। उन्हें शुभ समाचार दिया। कहा—

'नाथ काजु कीन्हेउ हनुमाना।
राखे सकल कपिन्ह के प्राना॥'

वानरों के साथ सुग्रीव रघुनाथजी को शुभ समाचार देने चले। जामवंत ने रघुराज को बताया—

'नाथ पवनसुत कीन्हि जो करनी।
सहसहुँ मुख न जाइ सो बरनी॥
पवनतनय के चरित सुहाए।
जामवंत रघुपतिहि सुनाए॥'

कभी जामवंत की बातें हनुमानजी को अच्छी लगी थीं, आज हनुमान का संपूर्ण चरित्र ही अच्छा लग रहा था और जामवंतजी उसे रघुपति को सुना रहे थे, जो कृपानिधि के मन को भी भा रहा था।

प्रभु श्रीराम ने सहसा हर्षपूर्वक हनुमान को हृदय से लगा लिया, गले से नहीं, हृदय से। भगवान् ने हनुमान को स्वीकार कर लिया।

एक बारगी पूछा—

'कहहु तात केहि भाँति जानकी।
रहति करति रच्छा स्वप्रान की॥'

जानकी कैसी हैं? कैसे रहती हैं? अपने प्राणों की रक्षा कैसे करती हैं?

'जीती हैं', हनुमानजी ने कहा, 'इसलिए जीती हैं, क्योंकि प्राणों को निकलने का रास्ता ही नहीं है।'

यह सुनकर श्रीराम को कोई अचरज नहीं हुआ। हनुमानजी ने बात साफ की, 'प्रभु दिन-रात वे आपका नाम जपती हैं। यह नाम पहरेदार है, सदा आपका नाम ध्यान रूपी कपाट बंद रहता है, आँखें पैरों पर यंत्रवत् रहती हैं, फिर प्राण किस मार्ग से निकल सकते हैं?'

सीताजी द्वारा दिए गए चूड़ामणि को पाकर भगवान् ने हृदय से लगा लिया। हनुमानजी ने बताया, 'हे नाथ, दोनों आँखों में आँसू भरकर जनक किशोरी ने दोनों भाइयों के चरणों को पकड़ कहने के लिए कहा—'केहि अपराध नाथ हौं त्यागी।' वह तो मन, कर्म, वचन से आपके चरणों में अनुरक्त हैं। उन्होंने अपनी एक गलती मानी है कि अलग होते ही उन्होंने प्राण क्यों नहीं त्याग दिए। किंतु वह आँखों का अपना स्वार्थ है कि प्राण नहीं जाने देते।

'बिरह अगिनि तनु तूल समीरा।
स्वास जरइ छन माहिं सरीरा॥

नयन स्रवहिं जलु निज हित लागी।
जरैं न पाव देह बिरहागी॥'

हनुमानजी ने फिर कहा—

'सीता कै अति बिपति बिसाला।
बिनहिं कहें भलि दीनदयाल॥'

दीनदयाल को उन्होंने बताया कि सीता का कष्ट अत्यंत विशाल है। न सुनाना ही ठीक है। थोड़ा लिखना ज्यादा समझने की बात है। उनके क्षण-क्षण कल्प के समान बीत रहे हैं। सीता को ले आने में शीघ्रता करें। हनुमानजी एक महत्त्वपूर्ण अभियान से सफल लौटे थे। उन्होंने समुद्र-संतरण किया था, अशोक वाटिका का उजाड़, राक्षसों का संहार किया था। लंका दहन किया था। सीता का संदेश लेकर लौटे थे। उनके भारी दु:ख को देखा था। उसका सूक्ष्म और मार्मिक विवरण रघुनाथजी को सुनाया। सीता के दुखों को सुनकर 'भरि आए जल राजीव नैना', भगवान् के कमल-नयन अश्रु-जल से भर गए। हनुमानजी के प्रति कृतज्ञता के भाव से भगवान् का मन भर आया। कहा, कपि तुम्हारे बराबर हमारा उपकारी कोई नहीं है। तुमसे मैं उऋण नहीं हो सकता। तुम्हारे उपकारों से मैं दब गया हूँ। तुम्हारा प्रत्युपकार मैं कैसे करूँ? और फिर श्रीरामजी साश्रु पुलकित वदन हनुमानजी की ओर देखने लगे।

'सुनु कपि तोहि समान उपकारी।
नहिं कोउ सुर नर मुनि तनुधारी॥
प्रति उपकार करौं का तोरा।
सनमुख होइ न सकत मन मोरा॥
सुनु सुत तोहि उरिन मैं नाहीं।
देखउँ करि बिचार मन माहीं॥'

हनुमानजी कृतकृत्य हो गए। 'त्राहि-त्राहि भगवंत' कहते हुए श्रीराम के चरणों से लिपट गए। श्रीराम ने बार-बार उन्हें उठाना चाहा। प्रेम में मग्न हनुमानजी को उठना अच्छा नहीं लगा। प्रभु श्रीराम हनुमानजी के मस्तक पर हाथ फेरने लगे। इस स्थिति को स्मरण कर भोलेनाथ प्रसन्न हो गए।

'प्रभु कर पंकज कपि कें सीसा।
सुमिरि सो दसा मगन गौरीसा॥'

यह हनुमानजी के जीवन की चरम उपलब्धि है। यही उनकी संपत्ति है। कितने बड़ भागी हैं, जिन्होंने परमेश्वर को ही ऋणी बना लिया है? हनुमानजी के सिर पर भगवान् हाथ फेरने लगे। यह दुर्लभ स्थिति बजरंग बली को ही प्राप्त हुई।

भगवान् श्रीराम ने हनुमानजी को उठाया, एक बार फिर हृदय से लगाया। अपने निकट बैठाकर रावण पालित लंका और लंका-दहन के बारे में पूछने लगे।

हनुमानजी ने समझा, प्रभु प्रसन्न हैं। कहा, प्रभु बंदर का पौरुष तो इतना ही है कि वह एक डाली से उछलकर दूसरी पर चला जाए। सिंधु लाँघकर मैंने सोने की लंका जलाई, निश्चरों को मारा या अशोक वाटिका उजारी तो उसमें मेरा क्या था?

'सो सब तब प्रताप रघुराई।
नाथ न कछू मोरि प्रभुताई॥'

'ता कहुँ प्रभु कछु अगम नहिं, जा पर तुम्ह अनुकूल।
तब प्रभावँ बड़वानलहि, जारि सकइ खलु तूल॥'

यह प्रपत्ति की परमोच्च स्थिति है। यहीं 'मामेकं शरणं व्रज' है, जिसमें समस्त क्रियाओं और उपलब्धियों को प्रभु को समर्पित कर दिया जाता है, स्वत्व परमेश्वरत्व में घुल जाता है। कर्तापन का सर्वथा अभाव

रहता है। यही कर्म योग है। भक्त की परम प्रपत्ति।

हनुमानजी ने कहा, 'हे प्रभु! आप अत्यंत सुखदायिनी अपनी निश्चयात्मक भक्ति मुझे प्रदान करें।'

कपि की सरल, निश्छल वाणी सुनकर भगवान् ने कहा, 'एवमस्तु, ऐसा ही हो।' हनुमानजी की प्रपत्ति स्वीकृत हो गई—'राम जासु जस आप बखाना।'

लंका में माता सीता ने अजर, अमर गुणनिधि होने का आशीर्वाद दिया था, ताकि रघुनायक की कृपा उन पर बनी रहे। आज पिता ने अपने को हनुमान का ऋणी बताया और उनकी माँगी हुई 'अनपायनी' भक्ति एवमस्तु कर दे दी।

पूरे मानस में इससे बढ़कर हनुमानजी की दूसरी कोई उपलब्धि दिखाई नहीं देती और इसके अलावा उन्होंने कहीं मुँह भी नहीं खोला है। तभी तो गोस्वामीजी ने वंदना के स्वरों में—

'सुमिरि पवनसुत पावन नामू।
अपने बस करि राखे रामू॥'

आख्यान आता है, सागर पर सेतु बाँधा जा रहा था। मुख्य शिल्पी नल-नील थे। बंदर-भालुओं द्वारा लाए गए पर्वतखंड, द्रुम राम नाम लिख पानी में डाले जा रहे थे। सहज ही सेतु निर्माण का कार्य द्रुत गति से चल रहा था। भगवान् ने सोचा, नल-नील द्वारा डाले जानेवाले पत्थर पानी में डूब नहीं रहे हैं। क्यों न मैं भी पत्थर डालूँ? इधर-उधर झाँका। कई पत्थर उठाकर डाले। सबके सब डूब गए। भगवान् विस्मित हो गए। हनुमानजी कहीं से सारी घटना देख रहे थे। उनके समीप आए, प्रभु को उदास देखा। प्रभु ने हनुमान से पूछा, 'मेरे डाले गए पत्थर पानी में क्यों डूब जाते हैं?'

हनुमानजी जोर से हँसे। 'प्रभु, आपका हाथ छूट जाने पर कोई भी डूब सकता है, फिर पत्थर क्यों नहीं डूबेगा?'

श्रीराम हँसने लगे।

युद्धारंभ में यह संयोग ही था कि हनुमानजी ने पश्चिम द्वार पर आक्रमण किया। बाहर से उन्हें क्या पता था कि भीतर से मेघनाद इस द्वार की रक्षा कर रहा है। दोनों पुराने प्रतिद्वंद्वी थे, भिड़ गए। तब तक युद्ध होता रहा जब तक गिरि प्रहार से हनुमानजी ने मेघनाद के 'भंजेउ रथ सारथी निपाता' नहीं किए। उसके हृदय पर लात मारी और दूसरा सारथि मेघनाद को व्याकुल समझ युद्धभूमि से ले भागा। अशोक वाटिका में ब्रह्म-अस्त्र के प्रयोग का उचित उत्तर हनुमानजी ने अब दे दिया।

युद्धकांड में हनुमानजी की भिड़ंत क्रमश: कुंभकरण और रावण से भी हुई थी। हनुमान ने मुष्टिक प्रहार से ही अपने समस्त प्रतिद्वंद्वियों को मूर्च्छित कर दिया था।

युद्ध के दूसरे दिन मेघनाद और हनुमान के बीच प्राणांतक युद्ध हुआ। मेघनाद के शक्ति बाण से लक्ष्मणजी मूर्च्छित हो गए। मेघनाद जैसे अनेक योद्धा उन्हें उठा नहीं सके। हनुमानजी उठाकर उन्हें श्रीराम के पास लाए। उन्हें देखते ही श्रीराम विकल हो गए। जामवंत ने बताया, इसका उपचार केवल वैद्य सुषेण को मालूम है। वह लंका में रहते थे। अर्थात् उनको लाना मुश्किल था। हनुमान छोटा रूप धरकर गए, किसी को पता भी नहीं चला और 'आनेउ भवन समेत तुरंता।' घर सहित सुषेण को उठा लाए।

सुषेण ने औषधि और जिस पर्वत पर यह उपलब्ध थी, उसका नाम बताया। यह भी बताया कि यह उपचार सूर्योदय के पूर्व ही हो जाना चाहिए।

इतने अल्प समय में इतनी दूरी से बूटी लाने का यह काम हनुमान के अलावा और कौन कर सकता था?

'राम चरन सरसिज उर राखी।
चला प्रभंजनसुत बल भाषी॥'

रावण ने रामकाज में विघ्न डालने तथा हनुमान का मार्ग रोकने के लिए कालनेमि को भेजा। उसने रास्ते में माया से सर, मंदिर और सुंदर बाग बनाकर भगवान् के दूत को भरमाना चाहा। हनुमानजी ने उसकी माया जान ली और अपनी पूँछ में लपेटकर उसे मार डाला। उन्होंने पर्वत को देखा, पर औषधि पहचान में नहीं आई।

'देखा सैल न औषध चीन्हा।
सहसा कपि उपारि गिरि लीन्हा॥'

रातोरात औषधि ले लंका पहुँचना था। पहाड़ को एक हाथ पर धारण कर हनुमान उड़ चले। अवधपुर के ऊपर से जा रहे थे। अवध में भरत को नींद और चैन कहाँ था? उन्होंने समझा, कोई विशाल राक्षस अयोध्या के ऊपर से जा रहा है। कानों तक खींचकर बाण चलाया। हनुमान लला गिरकर मूर्च्छित हो गए। उनके मुँह से रामनाम सुनकर भरत को अपराध-बोध हुआ। ग्लानि से भर गए। दौड़कर कपि के पास गए। राम-पद के प्रति अपने प्रेम की सौगंध से उन्हें ठीक किया। सारा वृत्तांत सुना। कहा, मेरे बाण पर बैठो। मैं तुम्हें वेगि कटंक पहुँचा दूँगा। हनुमानजी ने उन्हें धन्यवाद कहा, प्रणाम किया, अपने बल वेग से पुनः चल पड़े।

युद्ध शिविर में लक्ष्मण मूर्च्छित पड़े थे। श्रीराम अत्यंत शोकाकुल थे। लक्ष्मण के वियोग की क्षणिक कल्पना उन्हें झकझोर रही थी। लक्ष्मण के शौर्य-विक्रम, औदार्य, साहचर्य की स्मृति उनके समस्त पौरुष को बौना बना रही थी। हनुमानजी के लौटने में एक-एक क्षण का विलंब उन्हें मर्माहत कर रहा था। एक दीन मनुष्य की तरह वह प्रलाप किए जा रहे थे—

'उहाँ राम लछिमनहि निहारी।
बोले बचन मनुज अनुसारी॥

अर्ध राति गइ कपि नहिं आयउ।
राम उठाइ अनुज उर लायउ॥'

लक्ष्मण के बिना राम के अस्तित्व की कल्पना ही नहीं की जा सकती है।

'जथा पंख बिनु खग अति दीना।
मनि बिनु फनि करिबर कर हीना॥
अस मम जिवन बंधु बिनु तोही।
जौं जड़ दैव जिआवै मोही॥'

भगवान् श्रीराम का प्रलाप सुन वानर सेना विकल हो गई। तभी

'आइ गयउ हनुमान'

जिमि करुना महँ वीर रस। क्या सुंदर उपमा है! लक्ष्मण की गंभीर दशा से कण-कण में चिंता और आशंका व्याप्त थी, क्या पौरुष और शक्ति दिखाई हनुमानजी ने? भगवान् श्रीराम उनके पुनः कृतज्ञ हो गए।

वैद्य ने उपचार किया। लक्ष्मण मूर्च्छा त्याग उठ बैठे। भगवान् ने उन्हें गले लगाया। हनुमान वैद्य सुषेण को जहाँ से लाए थे, ससम्मान छोड़ आए। यह थे अतुलित बलधाम, मारुत तुल्य वेगवाले श्रीराम दूत हनुमान। युद्धांत में ससैन्य रावण मारा गया। विभीषण का रांजतिलक हुआ। लक्ष्मण, कपीस, अंगद, जामवंत, हनुमान आदि ने इस तिलकोत्सव में भाग लिया।

प्रभु श्रीराम ने हनुमान को बुलाकर जानकी को समाचार देने और उनकी कुशलता का हाल लाने के लिए लंका भेजा। सारी लंका में जानकी हनुमान को ही पहचानती थीं। हनुमानजी लंका चले।

एक मास भी नहीं हुआ, इसी लंका में हनुमानजी मच्छर जैसा रूप धारण कर छिपकर आए थे। राक्षसों ने उन्हें बँधे हुए को लात मारी थी,

गालियाँ दी थीं। आज रावण-वध के पश्चात् वह पुनः लंका-प्रवेश कर रहे थे। सुनते ही निशाचर और निशिचरियाँ दौड़ पड़ीं। बहुत प्रकार से उन्होंने हनुमानजी की पूजा की। सीता के दर्शन कराए। हनुमानजी ने माता सीता को प्रणाम किया और रावण पर विजय का शुभ संदेश दिया।

माता सीता शुभ समाचार सुन गद्‌गद हो गईं। उनके पास देने के लिए आशीर्वाद के सिवा था ही क्या? कहा—

'सुनु सुत सदगुन सकल तव हृदयँ बसहुँ हनुमंत।
सानुकूल कोसलपति रहहुँ समेत अनंत॥'

हनुमानजी ने पुनः आशीर्वाद पाया।

श्रीरामजी की आज्ञा से विभीषण के साथ हनुमानजी पुनः गए और जनकलली को साथ लिवा आए। राज्याभिषेक के बाद विभीषण कोष, और संपदा प्रभु श्रीराम को दिखाना चाहते थे। श्रीराम ने कहा, देखना क्या है, जो तेरा है, वह मेरा है। मेरी तो स्थिति है—

'भरत दशा सुमिरत मोहि निमिष कल्प सम जात॥'

भगवान् के वनवास का अंत हो रहा था। उन्हें पता था, अवधि के बाद अवध जाने पर भरत को जीवित नहीं पाएँगे। अतः उन्होंने विभीषण से कहा—

'देखौं बेगि सो जतनु करु सखा निहोरऊँ तोहिउ॥'

विभीषण ने तत्काल पुष्पक विमान उपस्थित किया। सुग्रीव, अंगद, जामवंत, नल-नील, विभीषण और हनुमान को साथ ले राम ने सीता और लक्ष्मण के साथ विमान को उत्तर दिशा में प्रेरित किया। त्रिवेणी में स्नान-दान किया। हनुमान को वटुक रूप धारण कर अयोध्या भेजा। कहा, हमारी कुशलता से भरत को अवगत कराओ और वहाँ का समाचार लेकर शीघ्र आ जाओ।

मानस में जब-जब आवश्यकता हुई है, विप्र या वटुक रूप धारण कर संकटमोचन ने ही समस्या का समाधान किया है। वनवास में एक दिन की अवधि बाकी थी। वियोग की बात सोचकर भरत चिंतित थे।

'राम बिरह सागर महँ भरत मगन मन होत।
विप्र रूप धरि पवनसुत आइ गयउ जनु पोत॥'

हनुमानजी अवध में पहुँच गए। देखा, जटाजूट कृश गात भरत कुशासन पर बैठे राम-राम रघुपति का जाप कर रहे हैं। आँखों से अविरल अश्रु झर रहे हैं। यह देख हनुमानजी का मन रोमांचित हो उठा।

कहा—

'जासु बिरहँ सोचहु दिन राती।
रटहु निरंतर गुन गन पाँती॥
रिपु रन जीति सुजस सुर गावत।
सीता सहित अनुज प्रभु आवत॥'

भरतजी गद्‌गद को गए। सारा विषाद गत हो गया। हनुमानजी को गले लगाया। स्मरणीय है, युद्धकाल में लक्ष्मण के शक्तिबाण लगने के समय संजीवनी लाते वक्त हनुमानजी भरत से मिले थे। सीता-हरण, लक्ष्मण का घायल होना, युद्ध आदि की बातें भरत को बताई थीं। आवश्यक था, सबके बारे में क्रमबद्ध समाचार दें। उन्होंने कहा, शत्रुओं को प्रभु राम ने युद्ध में जीत लिया है। सीता और लक्ष्मण के साथ प्रभु आ रहे हैं। तात्पर्य लक्ष्मण स्वस्थ हो गए हैं और सीता पुनः प्राप्त हो गई हैं। भरत ने एक ही अर्द्धाली में अपने मन का सारा कोष खाली कर दिया—

'नाहिन तात उरिन मैं तोही।'

हनुमानजी भरत के चरणों में प्रणाम कर राम के पास लौटे। श्रीराम शीघ्र ही विमानारूढ़ हो अयोध्या के लिए चल पड़े।

श्रीराम का राज्याभिषेक हुए देखते-ही-देखते छह मास बीत गए 'जात न जाने दिवस तिन्ह, गए मास षट् बीति।' रघुपति के सखा अपने-अपने घर भूल गए थे, उन्हें राम की संगति में सपने में भी गेह की चिंता नहीं हुई। भगवान् ने सबको घर लौटने को कहा। दिव्य वस्त्रालंकार दे उन्हें विदा किया।

सुग्रीव लौटने लगे। भरतादि उन्हें विदा दे लौट आए। हनुमानजी भी गए थे। उन्होंने सुग्रीव के चरण पकड़कर कुछ समय तक अयोध्या में रुककर राम-चरण की सेवा करने के लिए विनयपूर्वक आज्ञा माँगी। सुग्रीव ने हनुमान को 'कृपा-अगारा' श्रीराम की सेवा में रहने की हनुमान को अनुमति दे दी—

'पुन्य पुंज तुम्ह पवनकुमारा।
सेवहु जाइ कृपा आगारा॥'

हनुमानजी रुक गए और ऐसा रुके कि फिर कभी किष्किंधा लौटे ही नहीं। अयोध्या में हनुमानजी की दिनचर्या सर्वदा राममय रही। कभी हनुमानजी उद्यान में जाकर भरत-शत्रुघ्न को भगवान् के विमल विषद् गुणों की कथाएँ सुनाते थे। कभी भरत के प्रश्नों की प्रस्तावना राम से करते थे—

'नाथ भरत कछु पूँछन चहहीं।'

कभी श्रांत श्रीराम को विश्राम देने के लिए हनुमानजी शीतल अमराई में वायु का संचार करते थे—

'मारुत सुत तब मारुत करई।
पुलक बपुष लोचन जल भरई॥'

हनुमानजी की सेवा-साधना देखकर भगवान् शंकर को भी कहना पड़ा—

'हनूमान सम नहिं बड़भागी।
नहिं कोउ राम चरन अनुरागी॥'

मानस के कथा-प्रसंगों को हनुमानजी ने अपने दुष्कर कार्यों से सहज और महत्त्वपूर्ण बनाया है। श्रीराम के नागफाँस में बँधने पर गरुड़ को लाना, मेघनाद का अनुष्ठान भंग करना तथा अहिरावण का ससैन्य संहार करना हनुमानजी जैसे समर्थ और समर्पित योद्धा के द्वारा ही संभव था।

रामराज्य में और राम के जीवन में हनुमान की अहम भूमिका थी। लगता है, हनुमान-कथा के बिना राम-कथा अधूरी ही है। श्रीराम ने हनुमान की इतनी आवश्यकता अनुभव की कि समस्त परिजनों के साथ जब उन्होंने इस धरा-धाम का त्याग किया, तब हनुमान से कहा—

'मत्कथा प्रचरिष्यन्ति यावल्लोके हरीश्वर।
तावद् रमस्व सुप्रीतो मद् वाक्यमनुपालयन्॥'

जब तक संसार में मेरी कथा का प्रचार रहे, मेरी आज्ञा का पालन करते हुए प्रसन्नतापूर्वक विचरते रहो।

और हनुमानजी ने तब तक धरती पर रहना सहज सहर्ष स्वीकार किया।

सात चिरंजीवियों (अमर) में हनुमानजी की गणना की जाती है। ऐसा माना जाता है कि जहाँ रामकथा होती है, हनुमानजी बद्धांजलि होकर जाते हैं और उनके नेत्रों से प्रेमाश्रु झरते रहते हैं।

'यत्र यत्र रघुनाथ कीर्तनं
तत्र तत्र कृत मस्तकाञ्जलिम्।
वाष्पवारि परिपूर्ण लोचनं
मारुतिं नमत राक्षसांतकम्॥'

□

जासु नेम ब्रत जाइ न बरना

भरत

'प्रनवउँ प्रथम भरत के चरना।
जासु नेम ब्रत जाइ न बरना॥
बिस्व भरन पोषन कर जोई।
ताकर नाम भरत अस होई॥
जौं न होत जग जनम भरत को।
सकल धरम धुर धरनि धरत को॥
भरत महा महिमा जल रासी।
मुनि मति तीर ठाढ़ि अबला सी॥
गा चह पार जतनु हियँ हेरा।
पावति नाव न बोहित बेरा॥'

यह है व्यक्तित्व भरत का, जो अयोध्या कांड में सब चरित्रों पर भारी पड़ता है।

श्रीराम को युवराज पद पर अभिषिक्त करने का निर्णय भरत की अनुपस्थिति में हुआ था। वह शत्रुघ्न के साथ अपने ननिहाल में थे। अभिषेक के पुनीत कार्यों में जब से विघ्न शुरू हुए, भरत को अपशकुन होने लगे थे। कुलक्षण दिखने लगे थे। रात में भयानक सपने आते थे। जगते ही अनेक तरह की कुटिल कल्पनाएँ मन में घर कर जातीं। मन

का शुभ संकल्प नष्ट हो जाता।

भरत शिवार्चन करते, दान देते, ब्राह्मणों को भोजन कराते। माता-पिता, भाई और पूरे परिवार के लिए आशुतोष से आशीर्वाद माँगते। स्वप्नों के इन्हीं ऊहापोहों में भरत खोए हुए थे। गुरु वसिष्ठ का दूत वहाँ जा पहुँचा। बिना और कुछ बताए संदेश दिया—गुरुजी ने आपको तत्क्षण बुलाया है।

भरत ने सुना, गणपति को प्रणाम किया, तुरत अवध को प्रस्थित हुए।

भरत के रथ के घोड़े वायु वेग से दौड़ रहे थे सर-सरिता, गिरि-कानन को पार करते। पार्श्व-दृश्य भी रम्य और मनोहर थे। किंतु भरत को भा नहीं रहे थे। एक निमिष भी वर्ष के बराबर बीत रहा था। रास्ते में तरह-तरह के अपशकुन हो रहे थे। मार्ग सूने थे, वीथियाँ वीरान थीं। चौराहों पर मुर्दनी छाई थी। सभी भयाक्रांत थे। लगता था कोई बड़ा तूफान आकर लौट गया है। न कोई कुछ बोल रहा था, न भरत किसी से कुछ पूछ रहे थे। पता नहीं, कोई अशुभ समाचार मिले।

कैकेयी ने सुना, भरत आ रहे हैं। प्रसन्नता से खिल उठी। आरती का थाल सजाया, उत्फुल्लता से दौड़ी। भरत को अपने भवन में ले गई। वह अति प्रसन्न थी, भरत गहरे अवसाद में डूबे थे।

'भरत दुखित परिवारु निहारा।
मानहुँ तुहिन बनज बनु मारा॥
कैकेई हरषित एहि भाँती।
मनहुँ मुदित दव लाई किरातीं॥
सुतहि ससोच देखि मन मारें।
पूँछति नैहर कुसल हमारें॥
सकल कुल कहि भरत सुनाई।
पूँछी निज कुल कुसल भलाई॥

कहु कहँ तात कहाँ सब माता।
कहं सिय राम लखन प्रिय भ्राता॥'

कैकेयी ने कपट के आँसू बहाते हुए कहा, 'बेटा, मंथरा की सहायता से मैंने सारी बातें बना लीं। किंतु इस बीच दुखद घटना हुई कि महाराज का स्वर्गवास हो गया।' सुनते ही भरतजी सन्न रह गए और व्याकुल होकर धरती पर गिर पड़े।

'तात तात हा तात पुकारी।
परे भूमितल ब्याकुल भारी॥'

भरत बहुत देर तक जमीन पर पड़े रहे। धीरज धरकर अपने को सँभाला। उठ बैठे। पूछा, पिताजी की मृत्यु का कारण क्या था? कैकेयी ने शुरू से अंत तक की अपनी कुटिल करनी बड़ी प्रसन्नता के साथ कह सुनाई।

राम के वनवास की बात सुनकर भरतजी पिता की मृत्यु क्षण भर के लिए भूल गए। राम वन-गमन के मूल में अपने को कारण जानकर तो भरत किंकर्तव्यविमूढ़ ही हो गए।

पुत्र को विकल देख कैकेयी ने बहुत तरह से भरत को समझाया। महाराज के जीवन की उपलब्धियों को सामने रखा। कहा, महाराज ने जीवन की तमाम उपलब्धियाँ पुरुषार्थ से प्राप्त कीं। अब देवलोक में चले गए। ऐसा सोचकर भरत को चिंता छोड़ देनी चाहिए और पितृदत्त राज्य-भोग करना चाहिए।

राजकुमार भरत कैकेयी की बात सुनकर सहम गए। लंबी ऊसाँसें लीं और सोचा, इस पापिनी ने सब तरह से हमारे वंश का नाश कर दिया। बोले, यदि तुम्हारे मन में ऐसी ही मैल थी, तो मुझे जनमते ही क्यों नहीं मार डाला। कैसी माँ हो तुम, जो वृक्षों को काटकर पल्लवों को सींचती हो? जिस पानी में मछली है, उसी को उलीचकर मछली के जीने की बात करती हो? बड़ा संताप हुआ भरतजी को—

'हंसबंसु दसरथु जनकु राम लखन से भाइ।
जननी तूँ जननी भई बिधि सन कछु न बसाई॥'

और यहाँ तक कह दिया—

'बर मागत मन भइ नहिं पीरा।
गरि न जीह मुँह परेउ न कीरा॥'

वर माँगते हुए तुम्हारे मन में पीड़ा नहीं हुई, तुम्हारी जीभ क्यों न गल गई, क्यों न तुम्हारे मुँह में कीड़े पड़ गए? निश्छल राजा ने तुम्हारे ऊपर प्रीति की, उन्हें 'सकल कपट अध अवगुन खानी' नारी हृदय की क्या पहचान थी? तुम जो भी हो, वही रहो, मुँह में कालिख पोतकर मेरी आँखों से ओझल हो जाओ।

मुझसे अधिक पातकी कौन होगा, जिसे विधाता ने उस स्त्री के गर्भ से जन्म दिया, जो हृदय से राम विरोधी है? भरत का हृदय ग्लानि से भर गया। वह भीतर-ही-भीतर टूक-टूक हो गए थे।

कैकेयी भरत की माता थी, जननी थीं, किंतु उसके राम विरोधी और वंश विरोधी कार्यों ने भरत को आहत कर दिया था। सबसे बड़ा अवसाद तो यह था कि भरत को राज्य दिलाने के लिए राम का वनवास हुआ। राम वियोग में राजा की मृत्यु हुई। इन सबके मूल में भरत ही कारण थे। यही कारण था कि भरत की मर्मांतक पीड़ा फूट पड़ी थी—

'जननी तूँ जननी भई विधि सन कछु न बसाइ॥'

दोनों भाई कौशल्या के कक्ष में गए, उन्हें देखते ही कौशल्या दौड़ पड़ी, किंतु उन्हें चक्कर आ गया। बेहोश होकर धरती पर गिर पड़ीं। विकल होकर दोनों भाई भी चरणों में गिर गए। कौशल्या के समक्ष भी भरत ने कैकेयी के प्रति बहुत कुछ कहा और बोले—

'पितु सुरपुर बन रघुबर केतू।
मैं केवल सब अनरथ हेतू।'

माता कौशल्या के मुख से पूरे प्रस्थान प्रसंग को सुनकर भरतजी छल रहित, विनय भाव से बोले—

'जे अघ मातु पिता सुत मारें।
गाइ गोठ महिसुर पुर जारें॥
जे अघ तिय बालक बध कीन्हें।
मीत महीपति माहुर दीन्हें॥
जे पातक उपपातक अहहीं।
करम बचन मन भव कबि कहहीं॥
ते पातक मोहि होहुँ बिधाता।
जौं यह होइ मोर मत माता॥'

उन्होंने अपने को सर्वविधि इस संपूर्ण कुकृत्य से अनजान साबित करने की कोशिश की। कहा, इस ब्रह्मांड में जो भी पातक हैं, मैं उनका भागी हूँ, यदि मेरा इसमें कोई हाथ हो। कौशल्या को भरत की निष्कलुषता पर पूरा भरोसा था। उन्होंने अपना विश्वास व्यक्त किया और भरत को भलीभाँति परितोष दिया।

गुरु के आदेशानुसार भरतजी ने पिता की अंत्येष्टि क्रिया की, दशगात्र श्राद्ध किया और गुरु द्वारा जैसा-जैसा कहा गया, सबकुछ करके काम पूर्ण हुए।

'पितु हित भरत कीन्हि जसि करनी।
सो मुख लाख जाइ नहिं बरनी॥'

यहाँ भरत-चरित्र का वह उज्ज्वल अंश है, जिसमें उनका संताप, निर्दोषता का भाव, पितृऋण विमुक्ति आदि झलकते हैं। अपने मानसिक संताप को व्यक्त करके अपने को हलका करते हैं। किंतु क्या इतने से भरत का बोझिल मन हलका हो पाता है ? नहीं।

एक दिन समय शोध कर गुरुजी (वसिष्ठ मुनिजी) वहाँ आए,

सभी महाजनों को बुलाया। भरत और शत्रुघ्न को भी बुलाकर बहुत समझाया। ३७ चौपाइयों और ५ दोहों में इसका वर्णन है।

'रायँ राजपदु तुम्ह कहुँ दीन्हा।
पिता बचनु फुर चाहिअ कीन्हा॥
तजे रामु जेहिं बचनहि लागी।
तनु परिहरेउ राम बिरहागी॥
नृपहि बचन प्रिय नहिं प्रिय आना।
करहु तात पितु बचन प्रवाना॥
बेद बिदित संमत सबही का।
जेहि पितु देइ सो पावइ टीका॥'

शील-सनेहयुक्त वाणी से माता कौशल्या ने भी समझाया—

'बन रघुपति सुरपति नरनाहू।
तुम्ह एहि भाँति तात कदराहू॥
सिर धरि गुर आयसु अनुसरहू।
प्रजा पालि परिजन दुखु हरहू॥'

गुरु तो गुरु, जब माता ने प्रजा-पालन का आदेश किया, भरतजी व्याकुल हो गए, नेत्रों से प्रवाहित अश्रुधारा से विरह की नई अंकुरें अभिषिक्त होने लगीं। उनके मन में भावना की तरंगें उठने लगीं, धन्य हैं माता कौशल्या, जो अपने पुत्र के वनवास पर भी मुझे राज करने को कहती हैं और एक कैकेयी है, जिसने अपने बेटे को राज्य दिलाने के लिए राम को वनवास भेज दिया। उन्होंने एक दोहे में सबका उत्तर दे दिया—

'भरतु कमल कर जोरि।
धीर धुरंधर धीर-धरि॥
बचन अमिअँ जनु बोरि।
देत उचित उत्तर सबहि॥'

भरतजी कहते हैं, गुरु और माता ने मुझे राज्यभार स्वीकार करने का उपदेश किया। प्रजा और मंत्रियों की भी यही इच्छा है। मुझे इसका बिना तर्क और विचार किए पालन करना चाहिए। आप लोग मेरी भलाई की बात करते हैं। किंतु इन सब बातों से मेरे मन को परितोष नहीं होता है, अब आप मेरी बातें सुनें। मैं आर्त हूँ, दुखी हूँ। उत्तर देने के मेरे इस अपराध को क्षमा करेंगे। महाराज का स्वर्गवास हो गया है। राम-सीता वन में हैं। आप लोग सोचते हैं, मेरे राजा बनने में ही भलाई है। इसमें आप लोगों का कोई निहित स्वार्थ तो नहीं है ?

मेरा कल्याण तो इसमें है कि सीता-राम की सेवा करूँ, किंतु माँ की कुंटिलता ने उस सौभाग्य से वंचित कर दिया। मेरे अनुमान और मेरी दृष्टि में लगता है, 'लखन राम सिय बिनु पद देखें' यह शोकग्रस्त राज्य मेरे लिए कोई महत्त्व नहीं रखता। आप लोग मुझे तो श्रीरामजी के पास जाने की अनुमति दें। आप सब मेरे प्रति स्नेह की जड़ता से मुझे राजा बनाना चाहते हैं। मैं तो उस कैकेयी का पुत्र हूँ, जिसने भैया राम को वनवास दिया है, मेरी बुद्धि कुटिल है, टेढ़ी है। मैं राम विमुख और निर्लज्ज हूँ। मुझ अधम के राज्य में आप लोगों को क्या सुख मिलेगा। राजा तो धर्मशील होना चाहिए। यदि आप लोगों ने मुझे जबरदस्ती राजा बना ही दिया, तो उसके परिणाम क्या होंगे ?

'मोहि राजु हठि देइहु जबहीं।
रसा रसातल जाइहि तबहीं॥'

भरत अपने अंतर में बैठी एक-एक गाँठ खोलते हैं और समस्त अनर्थों की जड़ अपने को ही मानते हैं। कहते हैं, मैं अपने हृदय की कठोरता को कहाँ तक व्यक्त करूँ, इसने तो वज्र की कठोरता को भी पीछे छोड़ दिया है। ऐसा क्यों हुआ ? इसका भी उत्तर भरतजी स्वयं देते हैं—

'कारन तें कारजु कठिन होइ दोसु नहिं मोर।
कुलिस अस्थि तें उपल ते लोह कराल कठोर॥'

जो भरत समस्त अनर्थों का कारण स्वयं को मानते हैं, वहीं अपने हृदय की वज्रादपि कठोरता का कारण कैकेयी से अपनी उत्पत्ति को मढ़ देते हैं। अनुमेय है, कितनी घृणा उसके प्रति इनके मन में घर कर गई है। कहते हैं, उस कैकेयी ने राम-लक्ष्मण और सीता को वनवास दे दिया और पति को स्वर्गवास देकर उनका कल्याण कर दिया, स्वयं वैधव्य और अपयश प्राप्त किया, प्रजा को शोक-संतप्त कर दिया; मुझे सुख, सुयश और सुंदर राज्य प्रदान किया; उसने तो सबका कल्याण ही कर दिया। भरत के इस विद्रूप में कितनी पीड़ा है? इसपर भी आप मुझे राजा बनाना चाहते हैं। कैकेयी के गर्भ से उत्पन्न व्यक्ति के लिए यह उचित भी है।

माता कौशल्या का मुझ पर असीम स्नेह है, गुरुजी तो विवेक सागर हैं, विश्व का ज्ञान जिनकी हथेली में बेर के फल समान है। मुझे लोक-निंदा की चिंता नहीं है और न परलोक बिगड़ने का दुःख। मुझे तो एक ही आग जलाए जा रही है कि मेरे लिए ही सीता और रामजी को वनवास जैसा घोर कष्ट उठाना पड़ा। लक्ष्मण ने श्रीराम चरणों की सेवा करके अपने को धन्य कर लिया और मैं? मेरा तो जन्म ही राम के वनवास के लिए हुआ था। इसलिए

'आन उपाउ मोहि नहिं सूझा।
को जिय कै रघुबर बिनु बूझा॥
एकहिं आँक इहइ मन माहीं।
प्रातकाल चलिहउँ प्रभु पाहीं॥
यद्यपि मैं अनभल अपराधी।
भै मोहि कारन सकल उपाधी॥
तदपि सरन सनमुख मोहि देखी।
छमि सब करिहहिं कृपा बिसेषी॥
अरिहुक अनभल कीन्ह न रामा।
मैं सिसु सेवक जद्यपि बामा॥'

अत: आप लोग मुझे राजतिलक कराने की नहीं, राम-सीता के पास जाने की आज्ञा दें। भरत को पूर्ण विश्वास है—

'आपन जानि न त्यागिहिं मोहि रघुबीर भरोस।'

सचिव, सामंत, महाजन समस्त उपस्थित समुदाय भरत के मुख से दुःखनाश के इस सबीज महामंत्र से प्रसन्न हो गया। भरत को सहज स्वीकृति दे दी—

'भरतहि कहहिं सराहि सराही।
राम प्रेम मूरति तनु आही॥
जो पावँरु अपनी जड़ताईं।
तुम्हहि सुगाइ मातु कुटिलाईं॥
सो सठु कोटिक पुरुष समेता।
बसहि कलप सत नरक निकेता॥'

सभा ने सर्व सम्मति से स्वीकृति दे दी—

'अवसि चलिअ बन राम जहँ भरत मंत्र भल कीन्ह।
सोक सिंधु बूड़त सबहि तुम अवलंबन दीन्ह।'

और ऐसे निर्णय से भरत सबके प्राणप्रिय हो गए। क्यों न हों, जिस राज को उन्हें दिलाने के लिए कैकेयी ने क्या नहीं किया, जिसके कितने भयंकर परिणाम हुए, उसे उन्होंने तुच्छ, महत्त्वहीन, राम विरोधी मानकर अस्वीकार कर दिया।

गुरु, सचिव, महाजन और पूरी सभा द्वारा 'अवसि चलिअ बन राम जहँ' की स्वीकृति मिलते ही भरत ने जो बात पहले सोची, वह थी—

'संपति सब रघुपति कै आही।
जौं बिनु जतन चलौं तजि ताही॥

तौ परिनाम न मोरि भलाई।
पाप सिरोमनि साइँ दोहाई॥
करइ स्वामि हित सेवकु सोई।
दूषन कोटि देइ किन कोई॥'

उन्होंने क्षण भर के लिए अपने को उस धन और राज्य का उत्तराधिकारी नहीं समझा, वह तो रघुपति का था, किंतु तत्काल वह उसके रखवाले थे। यदि उसकी सुरक्षा-व्यवस्था किए बिना, राम को मनाने वन में चले जाते हैं, भरत के लिए उसके परिणाम अच्छे नहीं होंगे। यह तो पापों का शिरोमणि पाप स्वामी-द्रोह होगा। द्रोहवश मैंने व्यवस्था उचित नहीं की, उसे असुरक्षित छोड़ विनष्ट हो जाने दिया। उन्होंने अपने को रघुपति का सेवक समझा और सेवक का श्रेष्ठ कर्तव्य सर्वविधि स्वामी के कल्याण का काम करना है। तीन प्रकार के सेवक होते हैं—

१. सेवा स्वयं समझकर करनेवाले,
२. आदेश-पालन करनेवाले,
३. अनिच्छा व अवहेलनापूर्वक करनेवाले।

भरतजी सेवक ही नहीं, सेवक शिरोमणि हैं।

अतः ऐसे सेवकों को यथास्थान नियुक्त किया, जो स्वप्न में भी अपने कर्तव्य से हिलनेवाले नहीं थे—

'अस बिचारि सुचि सेवक बोले।
जे सपनेहुँ निज धरम न डोले॥'

माताओं, गुरुपत्नी और गुरु के लिए सुखपाल और पालकियाँ लाने का आदेश किया, सचिवों को आदेश किया, वे तिलक की समस्त सामग्री लेकर चलें, वन में ही राम का राजतिलक होगा।

□

प्रातःकाल राजभवन के सामने दृश्य बदला हुआ था। लोग वन जाने को बेचैन थे।

यह भरत की व्यवस्था थी और उन्होंने अपने लिए

'वन सिय रामु समुझि मन माहीं।
सानुज भरत पयादेहिं जाहीं॥'

सभी लोग वाहनों से चले, भरत-शत्रुघ्न पैदल चले। जब वन में राम पैदल चलें, तब भरत वाहनारूढ़ कैसे हो सकते थे।

प्रेमवश बाकी लोग भी पैदल चलने लगे।

माता ने अपनी शिविका रोकने को कहा। लोगों का कष्ट भरत को बताया। कहा, तुम्हें पैदल चलते देख लोग सवारी से कैसे चलेंगे? लोगों की हालत ठीक नहीं है। माता के आदेश को शिरोधार्य करके दोनों भाई रथ पर चढ़े—

'पय अहार फल असन एक निसि भोजन एक लोग।
करत राम हित नेम ब्रत परिहरि भूषन भोग॥'

चतुरंगिणी सेना के साथ भरत के वन-गमन का समाचार निषादराज को मिला। उसकी प्रत्युत्पन्नमति ने तत्काल भरत को गलत समझ लिया—

'कारन कवन भरत वन जाहीं।
है कछु कपट भाउ मन माहीं॥
जौं पै जियँ न होति कुटलाई।
तौ कत लीन्ह संग कटकाई॥
जानहिं सानुज रामहि मारी।
करउँ अकंटक राजु सुखारी॥'

ऐसा सोचते ही निषादराज का वीर रस जाग उठा। उसने निश्चय किया—

'सनमुख लोह भरत सन लेऊँ।
जिअत न सुरसरि उतरन देऊँ॥'

अपनी बिरादरी के सभी लोगों को युद्ध हेतु प्रेरित किया। नावों को डुबोकर घाटावरोध का आदेश दिया, स्वामी काज के लिए युद्ध में सम्मुख होने का आह्वान किया। गंगा-तट पर राम के भाई के साथ युद्ध में यदि नीच जनों के प्राणोत्सर्ग हो जाएँ तो इससे धवल कृति क्या हो सकती है ?

निषादराज के आह्वान पर सभी निषाद सायुध युद्ध के लिए सन्नद्ध हो गए। किंतु किसी सगुनिए ने बताया कि भरत राम को मनाने जा रहे हैं। पहले इस बात की खोजबीन कर लो, फिर युद्ध की बात सोचना।

बात सभी को पसंद आई। राम के चरणों में भरत का अनुराग प्रगट हुआ। भेंट की तमाम सामग्री के साथ निषादराज वहाँ आए।

भरत ने सुना, निषादराज श्रीराम का सखा है, वे तुरत रथ से उतर पड़े। बड़े अनुराग से निषादराज को हृदय से लगाया। उसका सारा निषादत्व श्रीराम की मित्रता से भरत के लिए घुल-मिल गया था। 'दोनों ओर प्रेम पलता है' की तरह—

'देखि भरत कर सील सनेहू।
भा निषाद तेहि समय बिदेहू॥'

भरतजी गंगा-स्नान करते हैं। गंगा का रेणु मात्र कल्याणकारी है। भरत वर माँगते हैं—

'करि मज्जनु मागहिं कर जोरी।
रामचंद्र पद प्रीति न थोरी॥
जोरि पानि बर माँगउ एहू।
सीय राम पद सहज सनेहू॥'

सीय-राम के चरणों में अनुरक्ति ही भरत को एकांत काम्य है।

सबके वि्श्राम करते समय भी भरत को विश्राम नहीं है। वह घूम-घूमकर सबका हाल पूछते हैं। निषादराज से कहते हैं—

'पूँछत सखहि सो ठाउँ देखाऊ।
नेक नयन मन जरनि जुड़ाऊ॥'

भरत को पता था, श्रीराम ने उसी स्थान पर रात गुजारी थी। इसलिए 'जहँ सिय रामु लखनु निसि सोए' भरत ने उस जगह को देखने की इच्छा व्यक्त की। निषादराज ने वह जगह दिखाई। 'सिंसुपा' वृक्ष के नीचे, जहाँ श्रीराम ने विश्राम किया था, वह दर्भ-शैया अभी वर्तमान थी। भरतजी ने उसकी प्रदक्षिणा की, वहाँ की धूल आँखों से लगाई। दर्भ-शैया देख और सीता के दो वंशों की दिव्यता का विचार करके भरत का मन भर आया। राम का उदात्त चरित्र और सारे उत्पातों के मूल में अपने को पाकर भरत संताप-सिंधु में डूबने लगे।

अगले दिन भरत ने पैदल यात्रा की। उनका अश्व खाली चला। सेवकों ने अश्वारूढ़ होने का अनुरोध किया। भरत ने कहा—

'रामु पयादेहि पायँ सिधाए।
हम कहँ रथ गज बाजि बनाए॥
सिर भर जाऊँ उचित अस मोरा।
सब ते सेवक धरमु कठोरा॥'

भरत अपने को श्रीराम का सेवक मानते हैं, इनके मन में सेवा की ऊँची भावनाएँ हैं और राम के लिए परम उदात्त स्थान।

अयोध्या-जनों ने सुना, भरतजी पैदल चल रहे हैं। पैरों की क्या हालत हो गई है—

'झलका झलकत पायन्ह कैसें।
पंकज कोस ओस कन जैसें॥'

सुनकर सब लोग दुखी हो गए।

भरतजी त्रिवेणी स्थल पहुँचे। उसकी श्याम-धवल लहरियाँ देख पुलकित हो गए। त्रिवेणी और तीर्थराज समस्त कामनाओं को पूर्ण करते

हैं। भरत अपना क्षत्रिय धर्म भूलकर मंगन धर्म का आश्रय लेते हैं, माँगते हैं और सुदानी से प्रार्थना करते हैं कि वह मेरी याचना सफल करें। क्या माँगते हैं—

'अरथ न धरम न काम रुचि गति न चहउँ निरबान॥
जनम जनम रति राम पद यह बरदानु न आन॥
सीता राम चरन रति मोरें। अनुदिन बढ़उ अनुग्रह तोरें॥'

भरत ने त्रिवेणी से प्रार्थना की, तीर्थराज से माँगा कि सीता-राम के चरणों में अनुदिन अनुरक्ति हो। भरत की निश्छल, निर्दोष प्रार्थना सुन त्रिवेणी में आकाशवाणी हुई—

'भरत बचन सुनि माझ त्रिबेनी।
भई मृदु बानि सुमंगल देनी॥
तात भरत तुम्ह सब बिधि साधू।
राम चरन अनुराग अगाधू॥
बादि गलानि करहु मन माहीं।
तुम्ह सम रामहि कोउ प्रिय नाहीं॥'

त्रिवेणी की अनुकूल वाणी को सुन भरतजी गद्‌गद हो गए, निहाल हो गए। भरत को धन्य कहकर देवताओं ने फूल बरसाए।

संदेह और संकोच के वातावरण में भरतजी मुनि भरद्वाज से मिले। मुनि ने बहुत तरह से भरत को परितोष दिया। माता कैकेयी की निर्दोषता बताई। विमल वंश का उत्कर्ष सुनाया। राम का भरत के प्रति अनन्य स्नेह बताया। इन्हें 'धरे देह जनु राम सनेहू' कहा। यहाँ तक कि

'भरत धन्य तुम्ह जसु जगु जयऊ।
कहि अस पेम मगन मुनि भयऊ॥'

कहकर मुनि ने भरत को क्लीन चिट दे दी।

भरत ने कहा, मुझे माता की करनी की चिंता नहीं है, परलोक बिगड़ने का भी भय नहीं है, पिता की मृत्यु का भी शोक नहीं है, मुझे तो चिंता की धूमाग्नि यह सोचकर धू-धू जला रही है कि

'राम लखन सिय बिनु पग पनहीं।
करि मुनिबेष फिरहिं बन बनहीं॥'

'अजिन बसन फल असन महि सयन डासि कुस पात।
बसि तरु तर नित सहत हिम आतप बरषा बात॥'

ऐसा सोचकर मेरी छाती जल रही है, मुझे न दिन में भूख लगती है, न रात में नींद, यह ऐसा रोग है, जिसकी कोई औषधि नहीं है।

भरद्वाज ऋषि ने बहुत तरह से उन्हें प्रबोध दिया। आतिथ्य का निमंत्रण दिया। मुनि के आदेश से आतिथ्य करने के लिए ऋद्धि-सिद्धि आईं। सबके लिए भवन, भोजन, शयन की व्यवस्था हुई। सबके लिए चारों पदार्थ सुलभ हो गए। यहाँ तक कि वनितादिक भोग भी उपस्थित थे।

यह भक्त की परीक्षा है। निषादराज ने भरत को गलत समझ लिया था। मुनि आश्रम में, वैराग्य भूमि में भोग भरत के लिए उपस्थित किया गया। मगर भरत की स्थिति थी—

'संपति चकई भरतु चक मुनि आयसु खेलवार॥
तेहिं निसि आश्रम पिंजरा राखे भा भिनुसार॥'

चकवा-चकवी की तरह भोगों से घिरे रहकर भी भरत ने वैराग्य की रात बिताई। भरतजी निर्वाध चित्रकूट की ओर जा रहे हैं। कैसे जा रहे हैं—

'एहि बिधि भरत चले मग जाहीं।
दसा देखि मुनि सिद्ध सिहाहीं॥
जबहि रामु कहि लेहिं उसासा।
उमगत पेमु मनहुँ चहु पासा॥

द्रवहिं बचन सुनि कुलिस पषाना।
पुरजन पेमु न जाइ बखाना॥'

अब भरतजी यमुना तट पर पहुँचे हैं। श्याम वर्ण यमुना को देखकर उन्हें प्रभु का वर्ण याद हो आया। विरह के समुद्र में डूबने लगे, केवल विवेक के जहाज ने उन्हें बचा लिया—

'रघुबर बरन बिलोकि बर बारि समेत समाज।
होत मगन बारिधि बिरह चढ़े बिबेक जहाज॥'

कर्तव्य-बोध ने जहाज का काम किया।

मार्ग में देखनेवाली स्त्रियाँ संलाप करती हैं—

'चलत पयादें खात फल पिता दीन्ह तजि राजु।
जात मनावन रघुबरहिं भरत सरिस को आज॥'

राम के वास और विश्राम के प्रत्येक स्थल भरत के लिए तीर्थ हैं। मार्ग में जहाँ-जहाँ ये स्थान मिलते हैं, भरत उन्हें प्रणाम करते हैं। क्षण भर के लिए सियाराम के स्मरण से विरत नहीं होते हैं। जिस किसी से सप्रणाम पूछते हैं—सियाराम और लक्ष्मण किस वन में हैं ? कैसे हैं ? जो भी उनकी कुशलता बताते हैं, वे राम-लखन और सीता के समान प्रिय लगते हैं।

□

अगले दिन राम-दर्शन की लालसा से पुलकित सारा समाज आगे बढ़ता है, मंगल शकुन होते हैं, शुभ शकुन में आँखें और बाँहें फड़कती हैं। सभी अपनी-अपनी कामनाओं से विह्वल हैं, पैरों में शैथिल्य है।

अयोध्यावासी अपनी भावनाओं में डूबते, उतराते शिथिल शरीर चले जा रहे हैं। इसी बीच निषादराज ने वह शैल दिखाया जहाँ सीता सहित राम-लक्ष्मण रह रहे हैं। सभी लोगों ने जय जानकी, जय श्रीराम कहकर प्रणाम किया। थकावट के कारण सब लोग दो कोस से अधिक

नहीं जा सके, सूर्यास्त हो गया। वह रात वहीं बीती।

विगत रात सीता ने स्वप्न देखा था। सपने में माताओं का मलिन और विवर्ण चेहरा देखा था। श्रीराम ने जब सुना, उनकी आँखों में आँसू भर आए। लक्ष्मण से बोले, यह स्वप्न अच्छा नहीं है, अमंगल सुनाई पड़ेगा।

स्नानादि और पूजा से निवृत्त हो श्रीराम ने उत्तर दिशा से अनेक पशु-पक्षियों को भागते देखा। संकेत पाया, चिंता हुई, चकित होकर कारण जानने के लिए उठे। तब तक कोल-किरातों ने, जो अब तक उनके प्रिय हो गए थे, आकर समाचार दिया कि भरतजी आ रहे हैं।

सुमंगली वाणी सुनकर श्रीराम का मन प्रमुदित हो गया। शरीर पुलकावलियों से भर गया। आँखों में स्नेहाश्रु उमड़ पड़े। तत्काल चिंतनधारा बदली।

श्रीराम के मन में चिंता हुई, पिता ने भरत को राज्य दे दिया होगा, भरत के वन आने का क्या कारण होगा?

'बहुरि सोचबस भे सियरवरनू।
कारन कवन भरत आगवनू॥'

श्रीराम इन्हीं कारणों के ऊहापोह में थे। तभी एक वनवासी ने आकर पुनः खबर दी—

'एक आइ अस कहा बहोरी।
सेन संग चतुरंग न थोरी॥'

भरत अकेले नहीं हैं, उनके साथ बहुत बड़ी चतुरंगिणी सेना भी है। श्रीराम के मानस-पटल पर समुद्र में उठनेवाली एक के पीछे एक तरंगों की तरह भरत के दो चित्र एक ही साथ उभरे। एक सामान्य रूप में आते हुए भरत का, दूसरा उस विशाल सेना के सहित चलते भरत का।

भरत राम के लिए नए नहीं हैं। शैशव से राम ने भरत का हर रंग

देखा था, हर ढंग देखा था। भरत उनसे अनुरक्त थे, आज्ञाकारी थे। क्षण भर में चिंतित हो उठे—

'इत पितु बचन इत बंधु संकोचू।'

उन्हें जानते देर नहीं लगी, संकोची भरत का राज्य-प्राप्ति के बाद भी आने का क्या कारण हो सकता है। किंतु तत्काल पिता के वचन याद आते ही उन्हें अपना कर्तव्य भी याद आया और भरत की आज्ञाकारिता भी।

जब किरातों ने भरतागमन का समाचार दिया था लक्ष्मण श्रीराम के पास ही थे। श्रीराम के हृदय में उठने-गिरनेवाली चिंता-रेखाएँ लक्ष्मण से छिपी नहीं रह सकीं। बोले—प्रभु, सेवक समय पर ढिठाई करने से ढीठ नहीं समझा जाता। मैं बिना आपके पूछे ही कुछ कहना चाहता हूँ, आप सर्वज्ञाता हैं, आपका ही होकर कहता हूँ—

'बिन पूछें कछु कहउँ गोसाईं।
सेवकु समयँ न ढीठ ढिठाई॥'

और लक्ष्मण ने जो कुछ कहा, भरत को पूर्णतः गलत समझ लिया।

बोले, 'प्रभु, आपका चित्त सरल है, आप शील और स्नेह के निधान हैं, सब पर समान रूप से प्रेम और स्नेह करते हैं।

यह मूढ़ विषमयी जीव प्रभुता पाकर मोह में पड़ जाता है—

'भरत नीति रत साधु सुजाना।
प्रभु पद प्रेमु सकल जगु जाना॥
तेऊ आजु राम पदु पाई।
चले धरम मरजाद मेटाई॥
कुटिल कुबंधु कुअवसरु ताकी।
जानि राम बनबास एकाकी॥
करि कुमंत्रु मन साजि समाजू।

आए करै अकंटक राजू॥
कोटि प्रकार कलपि कुटिलाई।
आए दल बटोरि दुउ भाई॥
जौं जियँ होति न कपट कुचाली।
केहि सोहाति रथ बाजि गजाली॥'

ससैन्य भरत के आने की खबर से लक्ष्मण क्षण भर को विमूढ़ हो जाते हैं। लक्ष्मण भरत को गलत समझ लेते हैं। उन्हें क्या पता है, भरत घोड़ा, हाथी और रथ छोड़कर पैदल आ रहे हैं? उन्हें क्या पता है कि भरत राम के लिए—

'करत राम हित नेम व्रत परि हरि भूषन भोग।'

चले आ रहे हैं। भरत के पैरों में झलकनेवाले झलकों का क्या पता है? भरत की उस भावना को क्या जानते हैं कि भरत कहते हैं—

'सिर भर जाऊँ उचित अस मोरा।'

लक्ष्मण उन राजाओं का उदाहरण देते हैं, जो राजपद पाकर बौरा गए थे।

चिंतन की दिशा बदल जाती है। नीति-रस की बात करते-करते उनमें वीर रस का उद्रेक हो जाता है। प्रभु चरणों में प्रणाम करके चरण रेणु सिर पर धारण करके बोलते हैं—

'एतना कहत नीति रस भूला।
रन रस बिटपु पुलक मिस फूला॥'

प्रभु मेरी बात अनुचित मत समझिएगा। क्षमा-याचना सहित बोलते हैं, भरत से मुझे भी हिसाब-किताब चुकता करना है। जब आप मेरे साथ हैं, मेरा धनुष मेरे हाथ में है, कब तक बरदाश्त किया जाए? पद प्रहार से धूल भी सर पर ही चढ़ती है, मैं तो उत्तम क्षत्रिय कुलोत्पन्न हूँ। लक्ष्मण का

सोया वीर रस जाग उठता है। उन्होंने झटपट अपनी जटाएँ बाँधी, कमर में तरकस कसा, हाथ में धनुष-बाण लेकर कटिबद्ध हो गए।

'आजु राम सेवक जस लेऊँ।
भरतहि समर सिखावन देऊँ॥
आइ बना भल सकल समाजू।
प्रकट करउँ रिसि पाछिल आजू॥
जिमि कटि निकर दलह मृगराजू।
लेइ लपेटि लवा जिमि बाजू॥
तैसहिं भरतहि सेन समेता।
सानुज निदरि निपातउँ खेता॥
जौं सहाय कर शंकरु आई।
तौं मारउँ रन राम दोहाई॥'

लक्ष्मण की क्रोधपूर्ण शपथ सुन लोकपाल काँप गए, भागना चाहा। उसी समय आकाशवाणी द्वारा लक्ष्मण को सोच-समझकर अग्रिम कदम उठाने को संकेत मिला। श्रीराम ने भी उन्हें समझाया। राम के वार्त्तालाप की यह शैली है, एक बारगी किसी की बात काटते नहीं, अपितु कहनेवाले की बात को ठीक कहकर, बाद में उसकी विसंगतियों को स्पष्ट करते हैं, कहा—

यह ठीक कहते हो, राजमद अवश्य भयंकर होता है। पर किसके लिए? उसके लिए, जिन्होंने साधु पुरुषों की सभा का सेवन नहीं किया है। देखो, भरत के समान संपूर्ण सृष्टि में कोई नहीं है। विष्णु और शिव का पद पाकर भी भरत को राजमद नहीं हो सकता। अंधकार सूर्य को निगल ले, आकाश मेघों में छिप जाए, गौ के खुर भर जल में अगस्त्यजी डूबें, दुनिया पलट जाए, पर भरत को राजमद नहीं हो सकता।

'मसक फूँक मकु मेरु उड़ाई।
होह न नृपमद भरतहि भाई॥'

श्रीराम सशपथ कहते हैं—

‘लखन तुम्हार सपथ पितु आना।
सुचि सुबंधु नहि भरत समाना॥
कहत भरत गुन सीलु सुभाऊ।
पेम पयोधि मगन रघुराऊ॥’

भरत पर राम के प्रेम को देखकर देवगण श्रीराम की कृपालुता की प्रशंसा करने लगे। कहा—

‘जौं न होत जग जनम भरत को।
सकल धरम धुर धरनि धरत को॥
कवि कुल अगम भरत गुन गाथा।
को जानइ तुम बिनु रघुनाथा॥’

उधर भरत निरंतर सीता-राम के पास पहुँचने के लिए बढ़ रहे हैं—

‘चले भरतु जहँ सिय रघुराई।
साथ निषादनाथ लघु भाई॥’

चलते-चलते भरत के मन में आशंका होती है, कहीं राम-लक्ष्मण मेरा नाम सुनते ही यहाँ से अन्यत्र न चले जाएँ। दूसरा विचार उठता है, माँ ने जो किया, उसके सामने वे जो भी कहें, कम ही है। पुनः विचार बदलता है, वह मुझे अपना समझकर सब अपराध क्षमा कर देंगे। मेरा आदर करेंगे। यदि ऐसा न भी करें तो मेरी शरण तो उनकी पनही ही है—

‘मोरें सरन राम की पनही।
राम सुस्वामी दोसु सब जनही॥’

माता की करतूत उन्हें आगे बढ़ने से रोकती है, पर भक्ति बल उन्हें आगे बढ़ाता है। उनकी दशा कैसी है—

'भरत दसा तेहि अवसर कैसी।
जल प्रबाहँ जल अलि गति जैसी॥'

और इस स्थिति को देखकर निषादराज आज पुनः विदेह हो गया—

'देखि भरत कर सोचु सनेहू।
भा निषाद तेहि समयँ बिदेहू॥'

ऐसी ही मनःस्थिति में बढ़ते हुए भरत ने वह शैल-वन देखा, जहाँ राम निवास कर रहे हैं, जहाँ—

'बयरु बिहाइ चरहिं एक संगा।
जहँ तहँ मनहुँ सेन चतुरंगा॥'

इसी बीच केवट ने किसी ऊँचे टीले पर चढ़कर हाथ उठाकर भरत को पाकड़, जामुन, आम और तमाल के वृक्षों के बीच स्थित विशाल वटवृक्ष दिखाया, जिसके पल्लव नील और फल लाल थे। छाया सुखद थी। इसके समीप ही रघुवर की पर्णकुटी थी। सीता और लक्ष्मण के लगाए वहाँ तुलसी के अनेक बिरवे थे। वट के पास की वेदी सीताजी ने स्वयं बनाई थी। यहीं श्रीरामजी धर्म चर्चा करते और सुनते हैं।

भरतजी उस रेणु को स्पर्श करते और प्रणाम करते चल रहे हैं। उनके इस भाव को देखकर सिद्ध और साधक भी सिहाने लगे—

'होत न भूतल भाउ भरत को।
अचर सचर चर अचर करत को॥'

भरत ने देखा, लक्ष्मणजी राम की ओर मुँह करके उनके प्रश्नों का उत्तर दे रहे थे। अतः उन्होंने भरत-शत्रुघ्न को नहीं देखा। आश्रम में प्रवेश

करते ही भरत का समस्त ताप शांत हो गया। उन्होंने देखा कि लक्ष्मणजी

'सीस जटा कटि मुनि पट बाँधें।
तून कसें कर सरु धनु काँधे॥'

थोड़ी देर पूर्व वीर रस में आए लक्ष्मण का आवेश तो ठंडा हो गया था, वेश ज्यों का त्यों था। पुनः उन्होंने श्रीराम को देखा—

'बेदी पर मुनि साधु समाजू।
सीय सहित राजत रघुराजू॥
बलकल बसन जटिल मनु स्यामा।
जनु मुनिवेष कीन्ह रति कामा॥
कर कमलनि धनु सायकु फेरत।
जिय की जरनि हरत हँसि हेरत॥'

लगा, ज्ञान सभा में भक्ति और भगवान् दोनों मूर्तिमंत हैं। देखकर भरत समस्त हर्ष-विषाद, सुख-दुःख भूल गए। निराधार छड़ी की तरह गिर पड़े—

'पाहि नाथ कहि पाहि गोसाईं।
भूतल परे लकुट की नाईं॥'

लक्ष्मण ने भरत का प्रेम पहचाना। देखा, जिस भरत के प्रति लक्ष्मण ने तरह-तरह की कटु कल्पनाएँ की थीं, वह तो विनय की प्रतिमा है—

'बंधु सनेह सरस एहि ओरा।
उत साहिब सेवा बस जोरा॥
मिलि न जाइ नहिं गुदरत बनई।
सुकबि लखन मन की गति भनई॥'

सेवा को महत्त्व दिया। भरत धरती पर सिर रखकर प्रणाम करते

हैं। श्रीराम पर क्या प्रभाव हुआ—

'उठे रामु सुनि पेम अधीरा।
कहुँ पट कहु निषंग धनु तीरा॥'

'बरबस लिए उठाइ उर लाए कृपानिधान।
भरत राम की मिलनि लखि बिसरे सबहि अपान।'

राम-भरत का मिलन वर्णनातीत, शब्दातीत था।

'अगम सनेह भरत रघुबर को।
जहँ न जाइ मनु विधि हरि हर को॥'

सभी मिले। भरत-शत्रुघ्न ने सीता के चरणों में प्रणाम किया। चरण रेणु माथे पर लगाई। सीता ने मन-ही-मन आशीर्वाद दिया। उन्हें अपने शरीर की भी सुधि नहीं रही। सबसे बड़ी बात थी, सभी अनुकूल थे। स्वप्न के बाद से सीता के मन में चिंता की उत्ताल तरंगें उठ रही थीं। अब—

'सब बिधि सानुकूल लखि सीता।
भे निसोच उर अपडर बीता॥'

तुलसी बाबा को नाटकीय योजना अतिप्रिय है। गोस्वामीजी ने जिस राम-भरत के मिलन को इतने नाटकीय ढंग से प्रस्तुत किया है, उसी को प्रस्तुत करने का वाल्मीकिजी का ढंग बिलकुल भिन्न है।

वाल्मीकिजी के अनुसार, विकल खग-मृगों को उत्तर दिशा से आते देख राम ने लक्ष्मण को उसका कारण जानने को कहा। लक्ष्मणजी ने एक विशाल शाल वृक्ष के ऊपर चढ़कर देखा कि विशाल सेना समुद्र की तरह उमड़ती चली आ रही है। दशरथजी के रथवाही अश्व जुते हैं। रघुवंश की ध्वजा लहरा रही है। अरे हाँ, भरतजी रथारूढ़ चले आ रहे हैं। उन्होंने श्रीरामजी से उठते हुए धूएँ को बुझा देने को कहा और सीता

को सुरक्षित करके युद्धोद्यत होने को कहा।

भरत जब वहाँ आए, श्रीरामजी ने (साठ से अधिक श्लोकों में) एक बारगी उनसे सवाल किया। सवालों के माध्यम से राजनीति का उपदेश दिया। उत्तर में भरत ने उन्हें सीधे अयोध्या लौटने का अनुनय किया।

गोस्वामीजी की नाट्य योजना भिन्न है।

श्रीराम भरतादि से मिल ही रहे थे कि निषादराज ने माताओं सहित गुरुदेव और अन्य नागरिकों के आने की सूचना दी। श्रीराम तुरंत सीता के पास शत्रुघ्न को छोड़कर वेग से उनसे मिलने चले। पल भर में, जिसने जैसा चाहा, अनेक रूपों में राम सबको मिल गए। राम की दशा देख माताओं की स्थिति ऐसी हुई जैसे हरी-भरी लताओं पर तुषारपात हो गया हो।

अब तक पारिवारिक कुशलक्षेम की बात नहीं हुई थी। गुरुजी ने भूमिका सहित पितृ-मृत्यु की सूचना दी, दग्ध रघुनाथजी को बहुत परितोष दिया। उस दिन श्रीराम निरंबु व्रत रहे। अगले दो दिनों में गुरुजी के आदेशानुसार पिता की आत्मिक शांति के लिए पितृ-कर्म करके पातक निवृत्त हुए।

श्रीराम ने समस्त समाज के साथ गुरुदेव को अयोध्या लौटने का निवेदन किया, साथ ही अपनी धृष्टता पर विचार करते हुए, जो उचित हो, करने को कहा—

'उचित होइ तस करिय गोसाईं।'

गुरुदेव ने कहा, श्रांत लोग अभी कुछ दिन विश्राम करेंगे। आनेवाले दिनों में पावन पयस्विनी में त्रिकाल स्नान, वन भ्रमण-दर्शन होने लगेंगे।

सीता ने अपनी सेवा से तीनों सासु माँ को वश में कर लिया था और कैकेयी?

'लखि सिय सहित सरल दोऊ भाई।
कुटिल रानी पछितानि अघाई॥'

इन समस्त परिस्थितियों में सबको एक ही चिंता थी, श्रीरामजी अवध लौटेंगे या नहीं—

'यहु संसउ सब के मन माहीं।
राम गवनु बिधि अवध की नाहीं॥'

विधाता का क्या विधान है?

उधर भरत की स्थिति अत्यंत चिन्त्य थी, उन्हें तो

'निसि न नींद नहिं भूख दिन भरतु बिकल सुचि सोच।
नीच कीच बिच मगन जस। मीनहि सलिल सँकोच॥'

उन्हें दिन में भूख नहीं, रात में नींद नहीं, वे तो निरंतर दिन-रात एक ही उपाय का आकलन करते हैं, किस तरह श्रीराम का अभिषेक हो सकेगा—

'केहिं बिधि होइ राम अभिषेकू।
मोहि अवकलत उपाय न एकू॥'

सारी रात चिंता में व्यतीत करते हैं। तरह-तरह के उपायों की योजना करते हैं—

पहला उपाय जो भरत के मानस पर उभरता है, वह है 'अवसि फिरहि गुरु आयसु मानी—गुरुजी की आज्ञा मानकर अवश्य लौटेंगे, किंतु गुरुजी तो श्रीराम की रुचि के अनुसार कहेंगे। यह उपाय निरर्थक हो जाता है।

दूसरी तरंग उठती है, माता की बात जरूर मानेंगे, किंतु क्या राम को जन्म देनेवाली माता ऐसा हठ करेंगी? कितनी सुंदर व्यंजना है? ऐसा हठ तो भरत की माता कर सकती हैं, स्वार्थ साधन कर सकती हैं,

राम की जननी लोकोत्तर हैं, अपने हठ से सत्य संधु को सत्य धर्म से विरत नहीं करेंगी।

तीसरी तरंग उठती है, क्यों न मैं ही कहूँ। तत्काल शंकालु मन उत्तर देता है, मुझ चाकर की बात कौन सुनेगा? मेरे तो विधाता ही विपरीत हो गए हैं—

'मोहि अनुचर कर केतिक बाता।
तेहि महँ कुसमउ बाम बिधाता॥'

और उन्हें तत्काल अपना धर्म याद आता है, कर्तव्य-बोध होता है—

'जौं हठ करउँ त निपट कुकरमू।
हरगिरि तें गुरु सेवक धरमू॥'

सेवक-धर्म अति कठिन होता है, ऐसा हठ करके स्वामी पर दबाव देने से तो मैं कुकर्मी हो जाऊँगा। इस ऊहापोह में एक भी युक्ति चित्त में स्थिर नहीं होती है और इसी तर्क-वितर्क में रात बीत जाती है। विहान होता है। प्रातः क्रिया से निवृत्त अभी ही हुए थे कि गुरुजी का बुलावा आ गया। भरतजी गुरु के पास पहुँचे और फिर विप्र, महाजन, सचिव एवं सभासदों की मंत्रणा आरंभ हुई।

'सुनहु सभासद भरत सुजाना' श्री भरत एवं सभासदों को संबोधित करके गुरुदेव ने श्रीराम का ईशत्व बताया, उन्हें सत्यसंध और पालक श्रुतिसेतु कहा, कहा—त्रिदेव, अहिप, महीप और समस्त दिग्पाल उनके आदेशाधीन हैं। इसलिए हमारा कल्याण इसी में है कि हम लोग वही करें, श्रीराम की आज्ञा की जैसी संभावना हो। ऐसे तो सबके सुख कल्याण का एक रास्ता है कि उनका राज्याभिषेक हो और वह अयोध्या लौट चलें। गुरुदेव ने प्रस्तावना करते हुए मंत्रणा के लिए सबके विचार आमंत्रित किए किंतु विचार-सभा पूर्णतः निरुत्तर हो गई।

प्रस्तावना

'उतरु न आव लोग भए भोरे।
तब सिरु नाइ भरत कर जोरे॥'

सूर्यवंश की भव्य परंपरा के अनेक नरेशों का उदाहरण सामने रखते हुए भरत ने अपने दुर्भाग्य को कोसा। गुरुवर, आपका आशीष ही वह महामंत्र है जो सिर के कठिन कुअंक को भी मिटा देता है और आप विधाता की गति भी रोक सकते हैं। आपके निश्चय को कौन पलट सकता है? फिर भी आप मुझसे उपाय पूछते हैं, यह मेरा अभाग्य नहीं तो और क्या है?

भरत की मीठी, स्नेहमय अभिव्यक्ति ने गुरु के हृदय में अनुराग उत्पन्न किया। इस अनुराग को व्यक्त करें, इसके पूर्व उन्हें संकोच ने घेर लिया—

'सकुचउँ तात कहत एक बाता।
अरध तजहिं बुध सरबस जाता॥'

कहा, मुझे कहने में संकोच हो रहा है किंतु लोक सत्य है, बुद्धिमान् लोग जहाँ सर्वस्व की हानि दीखती है और आधे पर बात बनने की संभावना होती है, तो आधे पर ही संतुष्ट हो जाते हैं। इसलिए क्या अच्छा हो कि तुम दोनों भाई वनवास में जाओ और राम-लक्ष्मण सीता को अयोध्या लौटा दिया जाए?

'तुम्ह कानन गवनहु दोउ भाई।
फेरिअहिं लखन सीय रघुराई॥'

यह गुरु की आज्ञा है, भरत-राम दोनों के लिए। यह सबके लिए परम शिरोधार्य है। किंतु क्या गुरुजी इस निर्णय पर अडिग रह पाते हैं? तो फिर क्या उन्होंने भरत-शत्रुघ्न को परखने के लिए ऐसा कहा? क्या गुरुजी वही निर्देश करने वाले थे जो श्रीरामजी चाहते हैं? इस तरह के

कई प्रश्न उत्तरापेक्षी हो उठते हैं।

गुरुजी के इस वचन से दोनों भाई अत्यंत प्रसन्न हुए, 'मन प्रसन्न तनु तेज बिराजा' और तत्काल कहा, 'मुनिवर, आपके इस वचन के पालन से समस्त लोक के प्राणियों को जीवनदान देने का फल मिलेगा। वनवास की अवधि चौदह वर्ष की क्या बात, मैं जीवनपर्यंत वन में ही रह जाऊँगा, यह मेरा सबसे बड़ा सौभाग्य होगा। क्योंकि इसका निमित्त श्रीराम को राजपद पर ले आना होगा—

'कानन करउँ जनम भरि बासू।
एहि तें अधिक न मोर सुपासू॥'

और हे गुरुवर! आप सबकुछ जाननेवाले हैं, अपनी वाणी को तत्काल प्रमाणित करें—

'अंतरजामी रामु सिय तुम्ह सर्बग्य सुजान।
जौं फुर कहहु त नाथ निज कीजिअ बचनु प्रवान॥'

अब तक तो भरत की वाणी और व्यवहार को देखकर निषादराज और ऋषि ही 'विदेहू' हुए थे, आज सारी सभा 'विदेहू' हो गई है। अपने को भूल गई। भरत के अभिमत ने सबको अपनी ओर खींच लिया, बाँध लिया। भक्ति रस में डुबो दिया और मुनि गुरुदेव? उनकी बुद्धि अबला सी शक्तिहीना हो गई है। किंकर्तव्यविमूढ़ हो गए। शायद उन्होंने स्वप्न में भी भरत के ऐसे महान् त्याग की कल्पना नहीं की होंगी, तभी तो बुद्धि के स्तर पर, मन से ऊपर भरत की भव्यता की थाह उन्हें नहीं मिल रही है—

'भरत महा महिमा जलरासी।
मुनि मति ठाढ़ि तीर अबला सी॥
गा चह पार जतनु हियँ हेरा।
पावति नाव न बोहितु बेरा॥'

भरत के महिमा सागर को पार करने के लिए, उसे समझने के लिए गुरुदेव ने मानसिक स्तर पर बहुत प्रयास किया। कोई नौका, जहाज या बेड़ा उस समय उनकी बुद्धि को कुछ नहीं सूझा, बौद्धिक स्तर पर उनकी मति नदी-तट पर खड़ी अशक्त, असमर्थ स्त्री सी दीख पड़ी। रूपक का चित्र ध्यान गम्य है।

□

श्री भरतजी पर गुरु कृपा की अनंत वर्षा हुई। अंतर में भरत के प्रति अनुराग फूट पड़ा। तत्काल सभी के साथ वहाँ पहुँचे जहाँ सीता-लक्ष्मण के साथ राम विराजमान थे। यह तो मात्र एक पक्षीय मंत्रणा थीं, जिसने गुरुदेव को बरबस बाँध लिया था और अब प्रारंभ होता है चित्रकूट का सत्र, कई दिनों तक चलनेवाले प्रश्नोत्तरों और समाधानों का सिलसिला।

चित्रकूट का सभासत्र भक्ति, प्रेम, सौहार्द, कर्तव्य-बोध और उन सबके अनुपालन का आदर्श निरूपण है। आगे चलकर महाराज जनक और उनके समस्त परिजनों-परिवार की उपस्थिति इस सत्र में चार चाँद लगा देती है और इस सत्र की उपलब्धि है, भरत के दास्य-भाव की चरम परिणति।

'कानन करउँ जनम भरि वासू।'

भरत की उक्ति ने गुरुदेव को हतप्रभ कर दिया है, भरत की महामहिमा की जलराशि को पार करने में मुनि की बुद्धि सर्वथा असमर्थ है। भरत के महिम्न व्यक्तित्व की ऊष्मा स्थूल शरीर को पार कर मन, बुद्धि, चित्त, अहंकार के सन्निपात भूत सूक्ष्म शरीर—मति—को छू रही है। भरत पर गुरुदेव अतिशय सदय हो गए हैं। अनुग्रह कर रहे हैं और अनुग्रह-स्वरूप समस्त समाज को साथ लिये राम के पास आते हैं। कहते हैं, 'राम, तुम अंतर्यामी और सर्वज्ञ हो। धर्म, नीति, गुण और ज्ञान के भंडार हो। अब तुम वही करो, जिससे पुरजन, परिजन, जननी और भरत का कल्याण हो।'

लगता है, गुरुजी दोनों पक्षों को आमने-सामने लाकर उपदेश वचन कह अपने को दायित्व मुक्त करना चाहते हैं। किंतु श्रीराम स्वयं सर्वांतर्यामी हैं। गुरुदेव को इतना शीघ्र दायित्व-मुक्त कैसे होने देंगे? प्रभु कहते हैं, 'गुरुदेव, इन सबका उपाय तो आपके हाथों में है। आपकी आज्ञा पालने में ही सबका कल्याण है। आप जो आदेश करें, मुझे शिरोधार्य है और दूसरों को भी आप कहेंगे, तो खुशी-खुशी करेंगे। राम की वाणी में मात्र नम्रता का मार्दव नहीं है, वह भले ही नृप नहीं हैं, तथापि उनकी वाणी में राजवंश का दर्प है, शासन का वज्र-मंद्र-रव है। जो ऐसे नहीं करेंगे तो श्रीराम के शौर्य-बल के चलते उन्हें करना ही पड़ेगा—ऐसा श्रीराम का अभिमत है—

> **'प्रथम जो आयसु मो कहुँ होई।**
> **माथें मानि करौं सिख सोई॥**
> **पुनि जेहि कहँ जस कहब गोसाईं।**
> **सो सब भाँति घटब सेवकाईं॥'**

गुरुजी गद्‌गद हो गए, अपने प्रति श्रीराम की निष्ठा को निरखकर। कहा—राम, तुम ठीक कहते हो, किंतु मेरी बुद्धि भरत की भक्ति से बँध गई है, अटक गई है। मेरी समझ से भरत की इच्छा रखने में ही सबका कल्याण है, भगवान् शंकर साक्षी है। अत:

> **'भरत विनय सादर सुनिअ करिअ विचारु बहोरु।**
> **करब साधुमत लोकमत नृपनय निगम निचोरि॥'**

गुरुजी ने यदि श्रीराम से भरत की बातों को आदरपूर्वक सुनने, पुन: विचारने और वही करने को कहा, जो साधुमत, लोकमत, नृपनय और निगमों का निचोड़ हो, तो फिर 'मोरे जान भरत रुचि राखी' का क्या अभिप्राय है? जब इन अनेक कसौटियों पर भरत के विचार कसे जाएँगे, फिर उनकी रुचि का प्रश्न कहाँ? मेरी समझ से ये समस्त निकष

भरत के विनय के हैं, भरत का निवेदन ही साधुमत, लोकमत, नृपनय एवं निगमों का निचोड़ है, अतः गुरुदेव ने उन्हें सुनने, विचारने और करने को कहा है। शायद भरत-विनय इन विशेषणों से युक्त न होता तो गुरु ऐसा निर्देश नहीं करते।

श्रीराम ने देखा कि गुरुजी भरत पर अनुरक्त हैं, भरत तन-मन से मेरे भक्त हैं, धर्म के मर्मज्ञ तो हैं ही। उन्होंने तत्काल गुरु की आज्ञा के अनुरूप उत्तर दिया। गुरु की शपथ और पितृ-चरणों की दुहाई देकर, जैसा उन्होंने पहले कभी नहीं किया था, कहा—

'नाथ सपथ पितु चरन दोहाई।
भयउ न भुअन भरत सम भाई॥'

श्रीराम के इस उद्घोष के बाद भरत के भातृप्रेम की उच्चता स्पर्श की सीमा पार कर जाती है। इसी की प्रामाणिकता में श्रीराम ने गुरु की शपथ और पितृ-चरण की दुहाई दी है। इतना ही नहीं, उन्होंने कहा—

'जे गुरु पद अंबुज अनुरागी।
ते लोकहुँ बेदहुँ बड़भागी॥
राउर जा पर अस अनुरागू।
को कहि सकइ भरत कर भागू॥'

भरत के भाग्य का वर्णन कौन कर सकता है ? वह गुरु-चरणों में अनुरक्त है, वेद और लोक ने ऐसे अनुरागियों को बड़भागी कहा है और यह अनुराग एकपक्षीय नहीं है, आपके चरणों में भरत का जितना अनुराग है, उतना ही आपका उन पर। स्मरणीय है, हम जिसे जितना चाहें वह भी उसी मात्रा में हमें चाहे, यह वांछित है किंतु आवश्यक नहीं कि ऐसा हो ही। भरत के संदर्भ में यह सही-सही बैठता है, जितना नेह उनका गुरु-चरणों में है, उतना ही गुरु का उन पर।

श्रीराम ने तत्काल घोषणा कर दी—

भरत जो कहें वही करने में भलाई है और फिर मौन हो गए—

'भरतु कहहिं सोइ किएँ भलाई।
अस कहि राम रहे अरगाई॥'

भरत के मन में संकोच भले ही शेष हो किंतु श्रीराम ने उन्हें ब्लैंक चेक दे दिया, जो भरना हो भर लें। गुरुजी ने उन्हें और प्रोत्साहित किया—

'भरत तुम्हारे भाई कृपा के समुद्र हैं, सारे संकोचों को छोड़कर दिल की बात कहो—

'तब मुनि बोले भरत सन सब सँकोचु तजि तात।
कृपासिंधु प्रिय बंधु सन कहहु हृदय कै बात॥'

भरत ने देखा कि गुरु और स्वामी, दोनों अनुकूल हैं। निश्चिंत हो गए। अब तक अपने को 'सब अनरथ का मूल' जो समझते आ रहे थे, प्रभु की अनुकूलता की ऊष्मा ने उनकी ग्लानि दूर कर दी। किंतु क्षण भर में ही समस्त गुरु-गंभीर दायित्व-भार अपने ही ऊपर समझकर मौन हो गए, विचार करने लगे, क्या उचित है। उनका सारा शरीर गुदगुदा उठा, पुलकित हो उठा। सभा में उठ खड़े हुए, उनके कमल-नेत्रों से स्नेह के अजस्र अश्रु झरने लगे। उनकी अंतश्चेतना में स्मृति विधान के अंतर्गत सारा शैशव, सारी लरिकाई जाग उठी। बड़े भाई का वह विशाल हृदय उनके सामने उभर आया, जिन्होंने खेल-खेल में भी कभी भरत का मान भंग नहीं किया था, स्वयं हारकर उन्हें जिताया था, क्रोध और आवेश का लेश भी उनमें नहीं था। और मैं?

आज तक मेरे प्रेम-प्यासे नेत्र उनके दर्शन के लिए अतृप्त ही रहे, क्योंकि संकोच और आदरवश मैंने उनसे आज तक आमने-सामने बात नहीं की।

बड़े भाई की उदारता के समानांतर विधाता की रची उन समस्त

प्रतिकूलताओं को भरत ने स्मरण किया, जिनके चलते श्रीराम को वनवास का असह्य दु:ख सहना पड़ा। उन्होंने खुलकर घोषणा की—साधुओं, अच्छे लोगों की इस सभा में, गुरु-प्रभु की उपस्थिति में और इस पवित्र तीर्थस्थली में मैं सच-सच कहता हूँ। यह प्रेम है या प्रपंच, गुरु और प्रभु दोनों जानते हैं, क्योंकि ये दोनों सर्वज्ञ तथा अंतर्यामी हैं। भरतजी ने फिर राम वनवास की पूर्वोत्तर घटनाओं, विपत्तियों का विवरण प्रस्तुत करते हुए, निष्कर्षत: बताया—

'महीं सकल अनरथ कर मूला।
सो सुनि समुझि सरिउँ सब सूला॥'

भरतजी ने अपने अंतर में सन्निहित समस्त ग्लानि और विषाद को सभा के सम्मुख प्रस्तुत कर दिया। सारी सभा भरत के विषाद से शोक-संतप्त हो गई।

'सोक मगन सब सभाँ खभारू।
मनहुँ कमल बन परेउ तुसारू॥'

श्रीरामजी ने देखा, भरत की हालत बिगड़ती जा रही है। अन्य लोग भी उनके शोक में डूबे जा रहे। बोले—बंधु, तुम निरर्थक ग्लानि करते हो। जीव की गति ईश्वर के अधीन है। तीनों कालों में तथा तीनों भुवनों में जितने भी पुण्यश्लोक लोग हैं, तुम्हारे नीचे ही हैं। तुम्हारे प्रति कुटिलता का भाव सोचना तो अलग, मन में लानेवाले का भी लोक-परलोक बिगड़ जाएगा, और माता कैकेयी को भी दोषी मत ठहराओ, उन्हें तो वही दोषी कहेंगे, जिन्होंने साधु-सज्जनों की सभा नहीं देखी होगी। (ऐसा ही क्लीन चिट भरत ने माता कौशल्या से भी पाया था।)

ऐसा कहते-कहते श्रीराम ने भरत को आशीर्वाद दे दिया। समस्त अमंगलों का भार और सकल पाप-प्रपंच तुम्हारा नाम स्मरण करते ही मिट जाएँगे, तुम्हारा नाम लेनेवाले को लौकिक यश तथा पारलौकिक

सुख की प्राप्ति होगी—

'मिटिहहिं पाप प्रपंच सब अखिल अमंगल भार।
लोक सुजसु परलोक सुखु सुमिरत नाम तुम्हार॥

कहउँ सुभाउ सत्य सिव साखी।
भरत भूमि रह राउरि राखी॥'

यह धरती तुम्हारे ही धैर्य रखने से टिकी है।

श्रीराम आगे कहते हैं, 'बंधु, मैं तुम्हें भली-भाँति जानता हूँ, किंतु मैं बड़े असमंजस-अनिर्णय की स्थिति में हूँ। हमारे पूज्य पिताजी ने सत्य की रक्षा के लिए ही मेरा त्याग किया, किंतु मुझमें उनका असीम प्रेम था, अत: उन्होंने मेरे परित्याग के साथ-साथ शरीर भी त्याग दिया। उनके वचन की रक्षा के लिए ही मैं वन में आया हूँ। उनके इस भयंकर परिणाम-भूप वचन को मेटने में चिंता हो रही है, और उससे भी अधिक चिंता तुम्हारी हो रही है। उसके भी ऊपर श्री गुरुदेव की आज्ञा है।

ऐसी स्थिति में तुम जो कुछ कहो, वह मैं अवश्य करूँगा।

'मनु प्रसन्न करि सकुच तजि कहहु करौं सोइ आजु।
सत्यसंध रघुबर बचन सुनि भा सुखी समाजु॥'

श्रीराम के ऐसा कहने पर सारा समाज हर्षित हो गया। सारी जनता ने सोचा होगा, अब काम अपने आप बन गया। श्रीराम ने अनुमति दे दी, भरत जो कहेंगे, श्रीराम करेंगे, भरत उन्हें लौटाने आए ही हैं। जिस भरत के सान्निध्य में लोग इतने समय से हैं, उन्हें 'भरत महा महिमा जल राशी' की गंभीरता का क्या अनुमान है? जो भरत दायित्व के गुरुभार से पहले ही दबे जा रहे थे, श्रीराम की इस उक्ति से और भी दबने लगे—

'निज सिर भारु भरत जियँ जाना।
करत कोटि बिधि उर अनुमाना॥'

तमाम अनुमानों के ऊहापोह में भरत ने निश्चय किया, मेरे लिए श्रीराम जो आज्ञा दें, उसी का पालन ठीक है। आप तो अपना प्रण भंग कर मेरा प्रण सदा रखते आए हैं, यही क्या कम है कि मेरे ऊपर उन्होंने असीम अनुग्रह किया? माता के व्यवहार, पिता की मृत्यु, राम-लक्ष्मण-सीता का वनगमन, वनवासी का वेष, वनवास के अनगिन दु:ख और सबसे अधिक सब अनर्थों के मूल में अपने को सोचकर भरत के मन में भारी ग्लानि तथा विषाद था। अपने तमाम सद्‌गुणों के बावजूद सर्वांतर्यामी श्रीराम उन्हें अपनाएँगे या नहीं, उन्हें क्षमा-दान करेंगे या नहीं, यहाँ श्रीराम द्वारा जगह-जगह अपनी निर्दोषिता का उद्‌घोष सुन भरत के जिय की जलन मिट चुकी थी, ग्लानि गत थी और विषाद घुलने लगा था। बोले—

'कीन्ह अनुग्रह अमित अति सब बिधि सीतानाथ।
करि प्रनामु बोले भरतु जोरि जलज जुग हाथ॥
गुरु प्रसन्न साहिब अनुकूला।
मिटी मलीन मन कलपित सूला॥
लखि सब बिधि गुरु स्वामि सनेहू।
मिटेउ छोभु नहिं मन संदेहू॥
अब करुनाकर कीजिअ सोई।
जन हित प्रभु चित छोभु न होई॥
स्वारथु नाथ फिरें सबहीं का।
किएँ रजाइ कोटि बिधि नीका॥'

प्रभु आपके लौटने में सभी का स्वार्थ है और आपकी आज्ञा-पालन में करोड़ों प्रकार से कल्याण है। इसलिए मेरी एक प्रार्थना है, उसे सुन लें, यदि उचित समझें तो उसे करें। मैं राजतिलक का सारा सामान साथ लाया हूँ, यदि प्रभु का मन माने तो उसे सफल कीजिए।

'देव एक बिनती सुनि मोरी।
उचित होइ तस करब बहोरी॥
तिलक समाज साजि सबु आना।
करिअ सुफल प्रभु जौं मनु माना॥'

भरतलाल ने अपनी सारी योजना बता दी। किंतु श्रीराम के ऊपर छोड़ दिया, यदि मन माने तो इसे सफल करें, क्योंकि सेवक स्वामी को संकोचग्रस्त नहीं कर सकता।

यह उत्तम सेवक-धर्म है।

राजतिलक के प्रस्ताव के साथ ही भरतलाल ने सोचा, सबकुछ के बावजूद प्रभु की आज्ञा सर्वोपरि है। अत: कदाचित्, किन्हीं कारणों से उन्होंने राजतिलक स्वीकार नहीं किया, अत: उन्होंने चार विकल्प रखे, जो पूर्व कथित 'भरत बचन सादर सुनिअ के करब साधुमत, लोकमत, नृपनय, निगम निचोरि' को सार्थक करता है।

१. सानुज पठइअ मोहि बन।
कीजिअ सबहि सनाथ। (साधुमत)

२. नतरु फेरिअहिं बंधु दोउ।
नाथ चलौं मैं साथ॥ (लोकमत)

३. नतरु जाहिं बन तीनिउ भाई।
बहुरिअ सीय सहित रघुराई॥ (राजनीति)

४. जेहि बिधि प्रभु प्रसन्न मन होई।
करुना सागर कीजिअ सोई॥ (निगम निचोड़)

भरत की उपर्युक्त विनयों पर गहरी दृष्टि डालने पर स्पष्ट होगा कि शत्रुघ्न के साथ भरत के वन जाने और श्रीराम को अवध लौटकर सबको सनाथ करने का कथन साधुमत है। एक तरफ गुरु वसिष्ठ जैसे साधु ने उन्हें कहा है—

'तुम्ह कानन गवनहु दोउ भाई।
फेरिअहिं लखन सीय रघुराई॥'

अत: भरत की 'कानन करउँ जनम भरि वासू' की उक्ति साधु के उस वचन का समर्थन है, जिसे खुलकर कहने में साधु वसिष्ठजी को भी संकोच हो रहा था।

दूसरी तरफ भरत स्वयं साधु हैं, रघुवंश के 'जेठ स्वामी सेवक लघु भाई' की परंपरा और माता कैकेयी का हठ कि लघु होते हुए भी उनका पुत्र राजा बने और राम वन जाएँ, का भरत समाधान कर देते हैं, अपनी वाणी से कि मैं ही वन जाऊँ, राम राजा बनें ही बनें। यह साधु वचन है। 'सानुज पठइअ मोहि वन कीजिऊ अवध सनाथ।'

दूसरी बात, व्यवहार में यही देखा जाता है कि कि कठिन काम बड़े लोग करते हैं, सुकोमल छोटे लड़कों को उनसे बचाया जाता है। भरत का कहना है कि लक्ष्मण और शत्रुघ्न उनसे छोटे हैं, अत: उन्हें घर भेज दिया जाए। निवेदन तो आपको लौटने का है, यदि आप नहीं भी लौटना चाहते हैं तो चलें, किंतु मैं आपके साथ वन में चलूँगा। यह लोकमत है—

'नतरु फेरिअहिं बंधु दोउ नाथ चलौं मैं साथ।'

भरत की तीसरी विनती है—

'नतरु जाहिं बन तीनिउ भाई।
बहुरिअ सीय सहित रघुराई॥'

प्रभु आप सीता सहित अवध लौट जाएँ, हम तीनों भाई जंगल में वास करेंगे। शत्रुघ्न भरत के अनुगामी हैं, किंतु चिंता होती है—क्या लक्ष्मण भी, जो भरत के आने के समय, अनजाने में ही सही, प्रतिशोध के सागर में डूब गए थे, भरत के कहने से वन में जाएँगे? हाँ, जाएँगे, क्योंकि आगे के प्रसंगों में स्पष्टत: श्रीराम मुख जैसे मुखिया हैं और भरत, लक्ष्मण, शत्रुघ्न तीनों भाई हाथ, पैर और नेत्र की तरह सेवक हैं। सेवा के स्तर त्रय में विगति होने पर सेवक की सेवा कैसे संभव हो

सकेगी। अतः लक्ष्मण भी जाएँगे। सेवक की सेवा और सेव्य द्वारा शासन यह राजतंत्र है, राजनीति है।

विनय का चौथा निकष है—

'तस्य देवस्य सेवा' सभी प्राणियों को उस परमेश्वर की परिचर्या-सेवा ही धर्म है, वही कार्य है जिससे 'प्रभु प्रसन्न मन होई' और श्रेष्ठ सेवक के लिए यह अपरिहार्य है। यही श्रुति का उपदेश है, निचोड़ है। अतः भरतजी सब विकल्पों को कहने के बाद अनुनय करते हैं, विनय करते हैं—

'जेहि बिधि प्रभु प्रसन्न मन होई।
करुना सागर कीजिअ सोई॥'

यह निगमों का निचोड़ है। भरत की विनती में ये चारों विशेषण अंतर्भूत हैं, जिसे सुनने, विचारने और करने के लिए गुरु ने कहा है।

इन विकल्पों के अलावा भी अपने आर्तभाव और स्वार्थ-हेतु को खोलकर रखते हुए प्रभु-चरणों की सौगंध लेकर भरतजी 'जग मंगल हित एक उपाय्र सुझाते हैं—

'प्रभु प्रसन्न मन सकुच तजि जो जेहि आयसु देब।
सो सिर धरि धरि करिहि सबु मिटिहि अनट अवरेब॥'

समस्त जगत् के कल्याण एवं दुःखों के उपशमन के लिए एकमात्र उपाय सर्वोपरि श्रीराम की इच्छा है, प्रभु की प्रसन्नता है। अतः भरतजी का आखिरी आवेदन है कि श्रीराम प्रसन्न हों, जिसको जो आज्ञा करें, वह उसका पालन करे, प्रभु की प्रसन्नता ही सबका साध्य है।

भरतजी के इस निवेदन की मिश्रित प्रतिक्रिया हुई। देवता प्रसन्न हुए, संतों ने सराहना की, तपस्वी और वनवासी गद्‌गद हो गए, अवधवासी चिंता में पड़ गए। पता नहीं श्रीराम क्या करेंगे, और स्वयं राम भी? वह मौन हो गए। कौतुक और बढ़ गया।

इसी बीच महाराज जनक के दूत पहुँचे। परिस्थितियों के चरमोत्कर्ष

पर किन्हीं कारणों से पटाक्षेप उपस्थित करने से कथानक में नया मोड़ तो आता ही है, स्थिति के प्रति औत्सुक्य भी बढ़ जाता है।

बाबा (गोस्वामीजी) ऐसी परिस्थितियों के सृजन में बड़े माहिर हैं। समस्त अवधवासियों, वनवासियों, तापसों और देवताओं के सान्निध्य में रघुनाथ को मौन कर दिया है, इसके पहले वह अपना मुँह खोलें, महाराज जनक के दूत उपस्थित होकर घटनाक्रम को नया मोड़ देते हैं। महाराज जनक के ससमाज पधारने की सूचना देते हैं। उपस्थित समाज उत्सुकतावश घुलने लगता है कि भरत के विनय पर श्रीराम क्या निर्णय लेते हैं, साथ ही महाराज जनक के आगमन की खुशी से संवलित होकर विभोर भी हो जाते हैं।

□

अवध और मिथिला के उभय समाजों का अत्यंत ही कारुणिक मिलन चित्रकूट में हुआ है। करुणा और विषाद की उस उमड़ी मंदाकिनी में भी भरत का व्यक्तित्व एक बार पुनः निखरता है, जब अवधेश और मिथिलेश की रानियाँ आपस में मिलती हैं। पुत्रों और पुत्रवधुओं की प्रशंसा करते हुए रानी कौशल्या कहती हैं—

'आज तक मैंने कभी भी श्रीराम की शपथ नहीं ली, किंतु आज उनकी शपथ लेकर कहती हूँ कि भरत के गुण, शील, विनय, भक्ति, विश्वास और बंधुत्व का वर्णन करने में सरस्वती भी असमर्थ हैं। महाराज भी मुझसे बार-बार कहा करते थे, भरत हमारा कुलदीपक है—

'भरत सील गुन विनय बड़ाई।
भायप भगति भरोस भलाई॥
कहत सारदहु कर मति हीचे।
सागर सीप कि जाहिं उलीचे॥
जानउँ सदा भरत कुलदीपा।
बार बार मोहि कहेउ महीपा॥'

भरत रघुवंश के कुलदीपक हैं, माता कौशल्या की ऐसी प्रतीति है, क्योंकि महाराज भी हमेशा ऐसा कहा करते थे। भरत के प्रति कितने ऊँचे और आत्यंतिक आदर्श उद्गार हैं।

इतना ही नहीं, राम के प्रति भरत के गूढ़ प्रेम को समझकर माता कौशल्या अत्यंत चिंतित हैं। अत: महारानी सुनयना से निवेदन करती हैं कि वह महाराज जनक से लक्ष्मण को अयोध्या लौटाने और भरत को राम के साथ वन में रहने के लिए विनती करें। महारानी सुनयना ने जनकजी से जब यह बात कही, उन्होंने अपने हथियार डाल दिए। भरत-दशा सुन विरागी भी रागी हो गए। भरत की कथा 'भव बंध बिमोचनि' बताई। कहा—

'भरत चरित कीरति करतूती।
धरम सील गुन बिमल बिभूती॥
समुझत सुनत सुखद सब काहू।
सुचि सुरसरि रुचि निदर सुधाहू॥'

महाराज ने भरत-राम के प्रेम-विश्वास को अतर्क्य, अबुद्धिगम्य बताया। भरत की महिमा राम ही जानते हैं, किंतु वह भी इसका वर्णन नहीं कर सकते।

महाराज जनक की उक्तियाँ भरत-चरित्र की उच्चता का स्पर्श करती हैं, प्रेम-विश्वास की अतल गहराइयाँ छूती हैं और उनके त्यागमय व्यक्तित्व को उजागर करती हैं।

प्रात:काल श्री रघुनाथ गुरुदेव के पास गए और बोले, 'प्रभु! भरत, माताएँ, पुरजन एवं समाज सहित मिथिलेश कई दिनों से वनवास के क्लेशों से विकल एवं दुखी हैं। अत: सबके कल्याण के लिए जो उचित हो करें। चौदह वर्ष के लिए वनवास पाए श्रीराम को वनवास-जनित अपने भविष्य और कष्टों की चिंता नहीं है। उनकी तो यह नियति हो गई है। उन्हें चिंता है, अपने बाद अवध और मिथिला छोड़नेवाले स्वजनों की।

मुनि ने श्रीराम को आश्रम लौटाया और स्वयं महाराज जनक के पास पहुँचे। राम ने जो कहा था, उन्हें सुनाया और यह भी सुनाया—

'महाराज अब कीजिअ सोई।
सब कर धरम सहित हित होई॥'

'ग्यान निधान सुजान सुचि धरम धीर नरपाल।
तुम्ह बिनु असमंजस समन को समरथ एहि काल॥'

महाराज के तमाम सामर्थ्य को सामने रखते हुए द्रष्टव्य है, मुनि ने उनके कर्तव्य का सीमांकन कर दिया, 'महाराज, वही करें जिससे धरम सहित सबका हित हो।'

महाराज जनक, जिन्होंने योग और भोग दोनों को करतल कर लिया था, का ज्ञान और वैराग्य भी इस दुविधा की स्थिति में मुनि की बात सुनकर भागने लगे। सोचा, मैंने यहाँ आकर अच्छा नहीं किया। महाराज दशरथ ने तो उन्हें वनवास देकर श्रीराम के प्रेम में परलोक प्रयाण किया, मैं तो राम को और गहन जंगल में ही भेजूँगा। क्योंकि महाराज जनक को याज्ञवल्क्य मुनि ने पहले ही बता रखा था कि श्रीराम जंगल में जाकर देवकार्य संपन्न करेंगे—

'राम जाइ बनु करि सुर काजू।
अचल अवधपुर करिहहिं राजू॥
यह सब जागबलिक कहि राखा।
देबि न होइ मुधा मुनि भाषा॥'

समाज सहित महाराज जनक और गुरुदेव भरत के पास पहुँचे। महाराज जनक ने भरत से कहा, 'सत्यव्रत राम सबके सील और स्नेह का सम्मान करते हैं और संकोचवश वनवास के दुखों को सह रहे हैं, इसलिए भरत जैसी आज्ञा करें, उनसे कहा जाए।'

उत्तर में भरत ने अपनी नितांत विनयशीलता के साथ कौशिक, गुरु

वसिष्ठ और स्वयं महाराज जनक की उपस्थिति में अपने को सबका अनुगामी बताया और इनकी उपस्थिति में कुछ भी बोलना अपना पागलपन और चुप रहना मलिनता बताया।

बड़ी विरोधी स्थिति है, बोलना भी नहीं चाहते, चुप भी नहीं रह सकते। भरत ने कहा—

'राखि राम रुख धरमु ब्रतु पराधीन मोहि जानि।
सब के सम्मत सर्व हित करिअ पेमु पहिचानि॥'

भरत की वाणी ने सबको स्तब्ध कर दिया, अक्षर तो कम थे, अर्थ अनंत। 'देखन में छोटन लगैं, घाव करैं गंभीर, थोड़ा लिखना ज्यादा समझना। जैसे हाथ के आईने में दिखनेवाला चेहरा हाथ से पकड़ा नहीं जा सकता, भरत की वाणी वैसी ही अद्‍भुत थी।

तथास्तु! सभी लोग श्रीराम के पास पहुँचे। गुरु वसिष्ठ ने भरत और जनक का संवाद श्रीराम को सुनाया। कहा, 'हे तात! मेरा विचार है, जैसा आप आदेश करें, सभी लोग वही करें।'

श्रीराम ने गुरुदेव और जनकजी की उपस्थिति में स्वयं कुछ कहना अनुचित बताया और शपथपूर्वक उद्‍घोष किया, 'आप और महाराज मिथिलेश जो आदेश करेंगे, वही सबको शिरोधार्य होगा।'

राम की वाणी सुनकर सभा स्तब्ध हो गई, किसी को कोई उत्तर नहीं सूझा, सभी भरत की ओर देखने लगे। उत्तरदायी तो मुनि और महाराज जनक थे। भरत की ओर देखने का औचित्य क्या था? किंतु ऐसी विरोधी परिस्थितियों में जब-जब चुप्पी पसरी है, भरत ने परिस्थिति का बहुत अच्छा निर्वहण किया है। उन्होंने अपने स्नेह संबंधों पर नियंत्रण किया। धीरज के साथ बोले—

'छमब आजु अति अनुचित मोरा।
कहउँ बदन मृदु बचन कठोरा॥'

और उन्होंने श्रीराम के शील आदि गुणों का बखान किया तथा यह भी कहा, हे स्वामी! आपके समान स्वामी तो आप ही हैं, दूसरा कोई हो ही नहीं सकता, और अपने समान मैं आप हूँ।

आपके और पिताजी के वचनों का उल्लंघन कर समाज से दूर मैं यहाँ चला आया, किंतु यहाँ आपकी उपस्थिति में ऐसा ज्ञान हुआ कि सृष्टि में कोई भी आपकी आज्ञा के विपरीत कुछ भी नहीं कर सकता। ईश्वर के सान्निध्य में जीव का यह अंतर्वेद है, ज्ञान है, चरम उपलब्धि है कि परमेश्वर के अनुशासन के परे कुछ नहीं है। यही भक्ति की चरम परिणति है।

भरत ने अपनी भुजाएँ उठाकर उद्घोष किया—'प्रभु, आपके समान स्वामी और दूसरा नहीं है। शौक, स्नेह या बचपने में आपकी बात न मानकर मैं चला आया, फिर भी आपने मुझे अंगीकार किया, गले लगाया। आप हमारे अनुकूल हैं। भरतजी ने अपनी इच्छा प्रकट की—

'सहज सनेहँ स्वामि सेवकाई।
स्वारथ छल फल चारि बिहाई॥
अग्या सम न सुसाहिब सेवा।
सो प्रसादु जन पावै देवा॥'

भरतलाल ने जागते, सोते और स्वप्न में भी बनी रहनेवाली इच्छा व्यक्त की। कहा, 'प्रभु, आपकी आज्ञा पालने के बराबर मेरे लिए और कोई उत्तम सेवा नहीं है। अतः आपकी आज्ञा पालने का सौभाग्य मुझे प्रदान करें।' ऐसा कहकर अश्रुपूरित नेत्रों से विह्वल शिथिल हो गए और प्रभु चरणों में गिर पड़े—

'प्रभु पद कमल गहे अकुलाई।
समउ सनेहु न सो कहि जाई॥
भरत प्रीति नति बिनय बड़ाई।
सुनत दुखद बरनत कठिनाई॥'

श्रीराम ने भरत का आदर किया। पास बैठाया और बोले—

'तात भरत तुम्ह धरम धुरीना।
लोक वेद बिद प्रेम प्रबीना॥'

तुम धर्म को धारण करनेवाले हो, लोक-वेद दोनों को जानने वाले हो, प्रेम निभाने में परम कुशल हो। सूर्यवंश की सभी रीतियों क़ो जानते हो, अपने सत्य प्रतिज्ञ पिताजी के प्रेम और यश के भी जानकार हो। हम सबका क्या कर्तव्य होना चाहिए, तुम्हें पता है। साथ ही तुम्हारा और मेरा क्या धर्म एवं हित है यह भी जानते हो, पिताजी की आकस्मिक मृत्यु से समस्त प्रजा, परिजन और परिवार दुखी हैं। यह गुरुजी की कृपा और मिथिलेश का अनुग्रह है कि आपने सबको बचा लिया। असमय सूर्य के अस्ताचल चले जाने से किसे कष्ट नहीं होता?

श्रीराम दुख-दावानल के परिप्रेक्ष्य की संपूर्ण पृष्ठभूमि में अपना और भरत का कर्तव्य, पिताजी की सत्यनिष्ठा, गुरुकृपा, विदेह, अनुग्रह को भली प्रकार भरत के मानस-पटल पर अंकित करते हैं। फिर इस पूरे संदर्भ में भरत को आज्ञा करते हैं, जिसे सुनने के लिए भरत चातक की तरह उत्कंठित हैं—

'राज काज सब लाज पति धरम धरनि धन धाम।
गुरु प्रभाउ पालिहि सबहि भल होइहि परिनाम॥'

क्योंकि—

'मातु पिता गुरु स्वामि निदेसू।
सकल धरम धरनीधर सेसू॥'

भगवान् श्रीराम ने भी स्वीकार किया। माता, पिता, गुरु और स्वामी की आज्ञा-पालन ही संपूर्ण धर्म है। अस्तु—

'सो तुम्ह करहु करावहु मोहू।
तात तरनिकुल पालक होहू॥
सो बिचारि सहि संकटु भारी।
करहु प्रजा परिवारु सुखारी॥
बाँटी बिपति सबहिं मोहि भाई।
तुम्हहि अवधि भरि बड़ि कठिनाई॥'

प्रभु की आज्ञा हो गई, भरतजी को उन्होंने सूर्यवंश का पालक बनने को कहा और तमाम संकटों को सहकर प्रजा-परिवार को सुखी रखने का आदेश किया। तुम्हें अवधि भर सबसे ज्यादा कष्ट होगा, किंतु करना ही होगा। कठिन परिस्थितियों में भाई ही सहायक होता है, वज्राघात रोकने के लिए हाथ ही उठता है। हाथ भाई का प्रतीक है।

भरतजी आदेश सुनकर निहाल हो गए, गद्‌गद हो गए। उनके सारे दुख, दोष, विषाद शमित हो गए। जन्म सार्थक हो गया। प्रभु की आज्ञा उन्होंने शिरोधार्य की—

'भरतहि भयउ परम संतोषू।
सनमुख स्वामि बिमुख दुख दोषू॥
मुख प्रसन्न मन मिटा विषादू।
भा जनु गूँगेहि गिरा प्रसादू॥
अब कृपाल जस आयसु होई।
करौं सीस धरि सादर सोई॥'

उन्होंने उस आधार की याचना की, जिसकी सेवा अवधि भर करेंगे, जिससे अवधि पार कर सकेंगे—

'सो अवलंब देव मोहि देई।
अवधि पार पावौं जेहि सेई॥'

अनंतर पाँच दिन चित्रकूट की पुण्यभूमि के दर्शन में बीते, राज्याभिषेक हेतु लाया गया तीर्थोदक रामकूप में अत्रि मुनि के निर्देशानुसार रखा गया। छठें दिन पुनः सभा जुटी। उस मौन सभा की चुप्पी भरत ने आज प्रातः पुनः तोड़ी, बोले—

'राखी नाथ सकल रूचि मोरी।
अब गोसाईं मोहि देउ रजाई।
सेवौं अवध अवधि भरि जाई॥'

भरत ने अवध की सेवा के लिए निर्देश भी माँगे और वे थे—

'पितु आयसु पालिहिं दुहु भाईं।
लोक बेद भल भूप भलाईं॥
गुर पितु मातु स्वामि सिख पालें।
चलेंहुँ कुमग पग परहिं न खालें॥
अस बिचारि सब सोच बिहाई।
पालहु अवध अवधि भर जाई॥'

साथ ही राजनीति की शिक्षा दी—

'मुखिआ मुखु सो चाहिए खान पान कहुँ एक।
पालइ पोषइ सकल अँग तुलसी सहित बिबेक॥'

और यही राजधर्म का सर्वस्व है, भरत के आग्रह करने पर श्रीराम ने अपनी चरण-पादुका उन्हें दे दी, जिसे भक्ति के मूर्त रूप भरत ने सादर शिरोधार्य कर लिया—

'प्रभु करि कृपा पाँवरीं दीन्हीं।
सदर भरत सीस धरि लीन्ही॥'

उन्हें ऐसा सुख प्राप्त हुआ, जैसे उन्हें सीता-राम मिल गए।

'भरत मुदित अवलंब लहे तें।
अस सुख जस सिय रामु रहे तें॥'

श्री भरत ने अयोध्या लौटने के लिए विदा माँगी। बड़ी ही मर्मांतक पीड़ा के साथ दोनों भाई अलग हुए, जिसे देखकर त्यागी और निर्लिप्त जन भी प्रेममग्न हो गए।

'जे बिरंचि निरलेप उपाए।
पदुम पत्र जिमि जग जल जाए॥

'तेउ बिलोकि रघुबर भरत प्रीति अनूप अपार॥
भए मगन मन तन वचन सहित बिराग बिचार॥
भरत मातु पद बंदि प्रभु सुचि सनेहुँ मिलि भेंटि॥
बिदा कीन्ह सजि पालकी सकुच सोच सब मेटि॥'

मार्ग में चार दिन लगे। चौथे दिन सब समाज अवध पहुँचा। महाराज जनक चार दिनों तक रुके। राजकाज की सारी व्यवस्था ठीक थी। भरतजी को गुरु और सचिवों को सौंपकर जनक मिथिला लौटे।

भरत ने सबको यथायोग्य कामों में नियुक्त किया। गुरु से सनेम रहने के लिए भरत ने आज्ञा माँगी। गुरु ने कहा—

'समुझब कहब करब तुम्ह जोई।
धरम सारु जग होहहि सोई॥'

श्री भरतलाल ने शुभ दिन में प्रभु पादुका को सिंहासन पर स्थापित किया—

'सिंघासन प्रभु पादुका बैठारे निरुपाधि।'

श्रीराम वनवासी हैं, तृण की शय्या और फलाहार करते हैं, भरत अवध में राज्यसुख कैसे भोग सकते हैं ? उन्होंने नंदी ग्राम में पर्णकुटी बनाकर रहना शुरू कर दिया। जिस महाराज दशरथ की वैभव-विभूति को देखकर

धन-कुबेर लज्जित हो जाते थे, उसी राज्य में समस्त वैभवों के बीच भरत रहते हैं; किंतु त्याग, भक्ति, सेवा की मूर्ति भरत कैसे रहते हैं—

'जटाजूट सिर मुनिपट धारी।
महि खनि कुस साँथरी सँवारी॥
असन बसन बासन ब्रत नेमा।
करत कठिन रिषिधरम सप्रेमा॥
तेहिं पुर बसत भरत बिनु रागा।
चंचरीक जिमि चंपक बागा॥'

यह है भरत का अविरल चलनेवाला नेम व्रत, अवर्णनीय नेम व्रत और यह तब तक चलता रहेगा जब तक राम वनवास से नहीं लौटते।

□

लक्ष्मण को शक्ति लगी थी। बेहोश हो गए थे। उपचार के लिए रातोरात हिमालय से औषधि लेकर लंका पहुँचना था। हनुमानजी पहाड़ लिये अयोध्या के ऊपर से गुजरे। नींद और चैन से विरत भरत ने देखा, फिर विचारा कि कोई राक्षस जा रहा है। भरत ने जोरदार तीर मारा। राम-राम कहते हुए हनुमानजी नीचे गिर गए। मूर्च्छित हो गए। भरत को अपराध-बोध हुआ। ग्लानि से भर गए। दौड़े कपि के पास गए। राम-पद के प्रति अपने प्रेम की सौगंध से उन्हें ठीक किया। सारा वृत्तांत सुना। कहा, मेरे बाण पर शैल सहित बैठो। मैं बेगि तुम्हें कटक पहुँचा देता हूँ। हनुमानजी ने उन्हें प्रणाम किया। उनका अतुल विक्रम स्मरण करते आकाश-मार्ग से सशैल चलते बने।

वनवास की अवधि मात्र एक दिन शेष थी। भरत चिंतित थे। कई तरह के विचार मन में आ रहे थे। लक्ष्मण के भाग्य की सराहना कर रहे थे; मन अपने बारे में शंकालु हो रहा था। तभी—

'राम बिरह सागर महँ भरत मगन मन होत।
बिप्र रूप धरि पवनसुत आइ गएउ जनु पोत॥'

हनुमानजी वहाँ पहुँच गए। भरत को जटाजूट कृशगात कुशासन पर बैठे देखा। वह राम-राम का अखंड पाठ कर रहे थे, आँखों से निरंतर अश्रु झर रहे थे।

हनुमानजी रोमांचित हो गए। बोले—

'जासु बिरहँ सोचहु दिन राती।
रटहु निरंतर गुन गन पाँती॥
रिपु रन जीति सुजस सुर गावत।
सीता सहित अनुज प्रभु आवत॥'

भरतजी गद्‌गद हो गए। सारा विषाद गत हो गया। हनुमानजी को गले लगाया। यह सुंदर समाचार सुनाने के लिए हनुमानजी के प्रति कृतज्ञता जताई।

'नाहिन तात उरिन मैं तोही।'

आनंद में झूमते हुए भरतजी अयोध्या आए। गुरु, माता आदि लोगों को रामागमन की सूचना दी। सारा नगर खुशी से झूम उठा। अयोध्या युवती और सुंदरी बन गई। निर्मल-नीरा सरयू ने अपने को सनाथ समझा।

नगर के निकट भगवान् ने पृथ्वीतल की ओर विमान प्रेरित किया। नीचे उतरे। गुरुजन, परिजन और मुनिजन को साथ ले भरत आगे आए। श्री भगवान् 'धाइ धरे गुरु चरन सरोरूह' और भरत? भरत की स्थिति थी—

'परे भूमि नहिं उठत उठाए।
बर करि कृपासिंधु उर लाए॥'

पैरों पर पड़े भरतजी उठाए नहीं उठते थे। प्रयत्नपूर्वक श्रीराम ने उन्हें उठाया, हृदय से लगाया। श्रीराम की आँखों से आनंद के आँसू गिर

रहे थे, शरीर रोमांचित हो रहा था। भरत का कुशल-क्षेम जानना चाहा। भरत की वाणी अवरुद्ध हो गई थी, किंतु श्रीराम के दर्शन-संस्पर्श से वह सनाथ थे, कृतार्थ थे, यत्नपूर्वक भरत ने कहा—

'अब कुसल कौसलनाथ आरत जानि जन दरसन दियो॥
बूड़त बिरह बारीस कृपानिधान मोहि कर गहि लियो॥'

बाद में श्रीराम ने भरत को बुलाया अपने हाथों उनकी जटा को, जो विगत चौदह वर्षों से जूट बन गई थी, कटवाई। भरत का यह सौभाग्य था, प्रभु की उन पर करुण कृपा थी।

भरत की चौदह वर्षों की तपस्या, उनका नेम-व्रत पूरा हुआ। आज से श्री भगवान् के स्नेहिल संस्पर्श-सान्निध्य में जीवनयात्रा आगे बढ़ी।

जनकजी ने कहा था—'भरत भरत है दूसरे किसी से अनुपमेय। उनकी सेवा, भक्ति, प्रेम और सर्वोपरि उनके नेमव्रत का वर्णन नहीं किया जा सकता।'

□

बंदउँ लछिमन पद जलजाता

'मानस' में वंदना के स्वरों में गोस्वामीजी ने लक्ष्मण के कमल चरणों को शीतल, सुंदर और भक्तों के लिए सुखद कहकर प्रणाम किया है। लक्ष्मणजी सहस्र फण शेष के अवतार हैं। क्रोध और दर्प के प्रतीक। लोक-कल्याण के लिए प्रादुर्भूत हुए हैं। उनका यश रघुपति की विमल कीर्ति-पताका को ऊँचा रखने के लिए उत्तुंग-दंड के समान (दंडवत् नहीं) है।

गोस्वामीजी ने सदा उनकी अनुकूलता की प्रार्थना की है।

जन्म के समय समस्त शुभ लक्षणों को देख, गुरु वसिष्ठ ने इनका नाम लक्ष्मण रखा। लक्ष्मण गौर वर्ण थे। राम के अनुगामी थे। उनमें इतने अनुरक्त थे कि उनके विरुद्ध एक शब्द भी नहीं सुन सकते थे।

'जनमे एक संग सब भाई।
भोजन सयन केलि लरिकाई॥
करनबेध उपबीत बिआहा।
संग संग सब भए उछाहा॥'

किंतु इन समस्त संदर्भों में, चाहे 'स्याम गौर सुंदर भाई' या 'स्याम गौर मृदु वयस किसोरा' के रूप में, धनुष-यज्ञ के पूर्व तक गौर-मौन लक्ष्मण श्यामल राम का अलंकरण ही दीखते हैं। धनुष-यज्ञ में महाराज जनक की बातें सुनकर इनका शौर्य प्रकट होता है, रौद्र रूप सामने आता

है। वस्तुतः सरल-शांत राम के साथ लक्ष्मण की यह उग्र-रुद्र जोड़ी सर्वत्र दिखाई देती है।

धनुष-यज्ञ और फुलवारी का आयोजन गोस्वामीजी की चारू कल्पना है। लोककंठ में संपोषित राम-काव्य की परंपरा में पुष्प वाटिका और धनुष-यज्ञ गोस्वामीजी के काल तक ग्राह्य हो गए थे। इनका समायोजन साहित्यिक कृतियों में भी होने लगा था। महर्षि वाल्मीकि के विवरण के अनुसार राजकुमारों की कोई सभा नहीं हुई थी। धनुष एक बड़े संदूक में रखा गया था। राम को दिखाने के लिए अनेक आदमी यह संदूक खींचकर लाए थे।

मानस में धनुष-यज्ञ का भव्य आयोजन हुआ है। रुचिर रंगभूमि बनी है, भाग लेने के लिए दिग्दिगंत से राजा आए हैं। देवता और राक्षस भी मनुष्य का रूप धरकर आए हैं। शर्त है, शिव-धनुष पर प्रत्यंचा चढ़ाने की। महाराज जनक के पास शिव का एक विशालकाय धनुष था। एक बार सीता ने उसे उठा लिया था। सीता की अमित शक्ति देख महाराज जनक ने प्रतिज्ञा की थी, सीता का विवाह उसी के साथ होगा जो शिव धनुष पर बाण का संधान कर सकेगा।

धनुष को उठाना या तोड़ना तो दूर रहा, कोई उसे हिला भी नहीं सका।

'रहउ चढ़ाउब तोरब भाई।
तिलु भरि भूमि न सके छड़ाई॥'

राजाओं की ऐसी असमर्थता पर महाराज जनक को बहुत परिताप हुआ। उन्होंने कहा, यदि धरती को वीरों से खाली समझते तो ऐसी प्रतिज्ञा करके जग हँसाई नहीं कराते। उन्होंने कहा, अब कोई अपने को वीर न समझे। धरती अब वीरों से खाली है।

'वीर विहीन महि मैं जानी।'

बड़े आक्रोश और संताप के साथ उन्होंने कहा—

'तजहु आस निज निज गृह जाहू।
लिखा न बिधि वैदेहि बिबाहू॥'

वस्तुतः क्रोध में महाराज जनक ने बहुत बड़ी बात कह दी थी। अपने यहाँ, अपने समारोह में आए हुए राजाओं को उन्होंने भाग जाने के लिए कहा। उस सभा में लक्ष्मणजी भी थे। यह बात उनको रास नहीं आई। भड़क उठे। हालाँकि उनके भड़कने का कारण राजाओं का या अपना अपमान नहीं था। उनके क्रोध का कारण 'रघुकुल मणि' का अपमान था। अब तक श्रीराम ने धनुष पर परीक्षा नहीं दी थी और जनकजी ने 'वीर विहीन मही' की घोषणा कर दी।

लक्ष्मणजी क्रोधित हो गए। उनकी भौंहें टेढ़ी हो गईं। आँखों में क्रोध उतर आया। मारे क्रोध के उनके होंठ फड़कने लगे—

'माखे लखनु कुटिल भइँ भौंहें।
रदपट फरकत नयन रिसौंहें॥'

यद्यपि जनकजी की बातें उन्हें बाण-सी लगी थीं, किंतु रघुवीर के डर से अपने को रोके रखा था। जब सहन-शक्ति के बाहर हो चलीं, उनके चरणों में प्रणाम कर (मर्यादा का निर्वाह करते हुए) बोले—

कहा तो उन्होंने रघुनाथजी को ही लक्ष्य करके, किंतु उनका स्वगत भाषण भरी सभा में सर्वगत होने से बाकी नहीं बचा। उन्होंने रघुनाथजी से कहा कि रघुवंशियों की उपस्थिति में जनकजी का वैसा कहना सर्वथा अनुचित है। उन्हें पता है, इस सभा में श्रीराम उपस्थित हैं। उन्हें यह भी पता है, श्रीराम रघुकुल-मणि महाराज दशरथ के पुत्र हैं। उन्होंने ही तो महर्षि विश्वामित्र से पूछा था—

'मुनिकुल तिलक कि नृप कुल पालक॥'

और महर्षि ने उत्तर दिया था—

‘रघुकुल मणि दशरथ के जाए।’

फिर जनकजी ने ‘वीर विहीन मही’ और ‘तजहु आस निज निज गृह जाहु’ कैसे कह दिया?

लक्ष्मणजी ने जो कहा, उनका दर्प नहीं अपितु स्वभाव बोल रहा है। आपकी यदि आज्ञा हो, इस ब्रह्मांड को कंदुक की तरह उठा लूँ। कच्चे घड़े की तरह इसे फोड़ डालूँ। मैं मेरु पर्वत को मूली की तरह तोड़ डालूँ। आपके प्रताप की महिमा के सामने यह जीर्ण धनुष क्या चीज है? आप आज्ञा दें। इस धनुष को कमल की डंडियों की तरह चढ़ा दूँ। सैकड़ों योजन तक इसे लेकर दौड़ूँ। कुकुरमुत्ते की तरह मैं इसे आपके प्रताप से तोड़ दूँ। प्रभु के चरणों की सौगंध है, यदि मैं ऐसा न कर सकूँ, तो हाथ में धनुष-बाण धारण नहीं करूँगा। लक्ष्मण का दर्प फुफकार उठा।

श्रीराम ने इशारे से लक्ष्मण को शांत किया।

धनुष-यज्ञ की रंगभूमि में लक्ष्मणजी जब सकोप बोले तो धरती डगमगाने लगी, दिग्गज डोलने लगे। सभी लोग और राजागण डर गए। महाराज जनक भी सकुचा गए। सीताजी प्रसन्न हुईं। गुरु विश्वामित्र, मुनिगण तथा श्रीरामचंद्र मन-ही-मन मुदित हुए।

लक्ष्मणजी के रौद्र-शौर्य रूप ने सामान्य लोगों और पराभूत राजाओं को डरा दिया। सीताजी प्रसन्न हुईं, महाराज जनक अपनी वाणी के अतिरेक के लिए संकोच में आ गए। बाकी सब मुदित इसलिए हुए कि महाराज जनक ने जैसा कहा था, वैसा ही उन्हें सुनने को मिला।

लक्ष्मण ने जो कुछ भी कहा, रघुकुल की मर्यादा और श्रीराम के गौरव के अनुरूप था और उनकी प्रतिरक्षा में था। मानस में अब तक मौन-मूक रहनेवाले लक्ष्मण का यह मुखर घोष था, धनुष-यज्ञ के रम्य प्रांगण में लक्ष्मण के शौर्य का सर्वप्रथम उन्मेष।

मानस के यतकिंचित् रम्य संदर्भों में परशुराम-लक्ष्मण संवाद है,

प्रस्तुत अंश में शौर्य-रौद्र रूप, व्यंग्य-विद्रूप, भय-करुणा और सर्वोपरि संवाद की पटुता है।

गुरु विश्वामित्र ने शुभ घड़ी जानकर कहा—

'उठहु राम भंजहु भवचापा।
मेटहु तात जनक परितापा॥'

जनक के शब्द एक ओर महाराज के परिताप को व्यक्त करते हैं, तो दूसरी ओर सृष्टि के समस्त पिताओं की चिंताओं की अभिव्यंजना करते हैं, जो कन्या के विवाह संबंधित या विवाह काल में होती हैं।

लोगों के तमाम ऊहापोहों के बीच राम रंगमंच पर आए, और

'तेहि छन राम मध्य धनु तोरा।
भरे भुवन धुनि घोर कठोरा॥
प्रभु दोउ चाप खंडमहि डारे।
देखि लोग सब भए सुखारे॥'

श्रीराम ने धनुष तोड़ा। सभी लोग सुखी हो गए, किंतु यह सुख स्थायी नहीं हो पाया। धनुष टूटने की ध्वनि समस्त भुवनों में गूँज उठी। परशुरामजी ने सुना और

'तेहिं अवसर सुनि सिवधनु भंगा।
आयउ भृगुकुल कमल पतंगा॥'

मुनिवेश और रौद्र गणवेश का अद्‌भुत समावेश था। कुछ राजा डरकर छिपने लगे, कुछ उनका कराल रूप देख भयाक्रांत खड़े हो गए। पिता का नाम बताते हुए दंड की तरह धराशायी होकर प्रणाम करने लगे। मुनि की निगाह धरती पर पड़े टूटे धनुष पर गई। तत्काल बोल उठे—

'अति रिस बोले बचन कठोरा।
कहु जड़ जनक धनुष कै तोरा॥

बेगि देखाउ मूढ़ न त आजू।
उलटउँ महि जहँ लहि तव राजू॥'

महाराज जनक भय से कोई उत्तर न दे सके। भय अकारण नहीं था।

ऋचीक ऋषि ने गाधि को एक हजार श्यामकर्ण घोड़े शुल्क रूप में देकर उनकी पुत्री सत्यवती से विवाह किया था। सत्यवती और उनकी माँ दोनों ने एक ही साथ ऋचीक से पुत्र प्राप्ति की प्रार्थना की। ऋचीक ने अभिमंत्रित करके दोनों के लिए अलग-अलग चरू बनाए और स्नान करने चले गए। माता ने सोचा कि उनके जमाई ने अपनी पत्नी के लिए बढ़िया चरू बनाया होगा। बेटी से माँगकर उसका ही चरू खा गई। ऋषि को जब यह पता चला, अपनी पत्नी को कोसने लगे। कहा, यह तुमने क्या किया। तुम्हारा पुत्र घोर प्रवृत्ति का और दंड देने वाला होगा। तुम्हारा भाई श्रेष्ठ ब्रह्मवेत्ता होगा।

सत्यवती के बहुत अनुनय-विनय पर ऋचीक ने कहा, 'अच्छा, पुत्र के बदले तुम्हारा पौत्र घोर क्रोधी प्रकृति का होगा।' सत्यवती के पुत्र जमदग्नि हुए। परशुरामजी इन्हीं के पुत्र और सत्यवती के पौत्र हुए।

हैहयवंशी एक हजार भुजावाले अर्जुन ने परशुराम के पिता की कामधेनु गाय जबरदस्ती छीन ली थी। परशुरामजी ने साँप की तरह उसकी एक हजार भुजाएँ काटकर सिर धड़ से अलग कर दिया। उसका ससैन्य संहार किया। रजो और तमो गुणी क्षत्रियों को मारकर सारी धरती उन्होंने दान कर दी थी। पिता के आदेश से अपनी माता और सभी भाइयों को मार डाला था। परशुरामजी की गति मन और वायु के समान थी।

वही परशुरामजी शिव-धनुष टूटने की आवाज सुनकर आ धमके थे।

महाराज जनक को निरुत्तर देख श्रीराम आगे आए और बोले—

'नाथ संभु धनु भंजनिहारा।
होइहि केउ एक दास तुम्हारा॥'

बस, परशुरामजी की क्रोधाग्नि में घी पड़ गया। बोले—

'सुनहु राम जेहिं सिवधनु तोरा।
सहसबाहु सम सो रिपु मोरा॥
सो बिलगाउ बिहाइ समाजा।
न त मारे जैहहिं सब राजा॥'

लक्ष्मणजी पास में ही खड़े थे, वह मुसकराने लगे। व्यंग्य के स्वरों में कहा, प्रभु, बचपन में मैंने आपकी बहुत सी धनुहियाँ तोड़ दी थीं। आपने कभी इतना क्रोध नहीं किया। इस धनुही पर इतनी ममता किसलिए है ?

लक्ष्मण ने त्रिपुरारि धनुष की तुलना अन्य धनुषों से की थी। परशुरामजी का पारा और चढ़ गया। बोले, ऐ राजकुमार! 'लगता है तेरा काल आ गया है। तुम जबान सँभालकर बात नहीं करते हो। शिवजी का यह धनुष विश्व विदित है और तुम इसकी तुलना दूसरे धनुषों से कर रहे हो। लगता है, तेरा काल ही सिर चढ़कर बोल रहा है।

प्रकारांतर की अंतर्कथाएँ स्मरणीय हैं। कहा जाता है कि युद्ध में परशुरामजी से पराजित हुए योद्धाओं के धनुषों का अंबार लग गया था। शेषावतार में लक्ष्मणजी ने उन सारे धनुषों को तोड़ दिया था। लक्ष्मणजी का संकेत है, मुनिवर ने उस समय क्रोध नहीं किया, इस धनुष पर ममता का हेतु क्या है ?

हेतु है, विश्वकर्मा ने दो धनुष बनाए थे—एक सारंग धनुष या वैष्णव धनुष, दूसरा पिनाक या शिव धनुष.। सारंग विष्णुजी को अर्पित किया था, पिनाक शिवजी को। सारंग तो विष्णुजी के पास ही रहा, किंतु भोलेनाथ का पिनाक घूमते-घूमते महाराज जनक के वंशधरों के हाथ आ गया और अब तक सुरक्षित था। भगवान् भोलेनाथ परशुरामजी के शस्त्र-गुरु थे। उन्होंने ही परशुरामजी को परशु-कुठार दिया था। उसी से विभूषित होकर 'परशुराम' कहलाने लगे थे, शस्त्र विद्या में निष्णात हो गए थे।

आज वही धनुष पिनाक टूट गया था। परशुरामजी के गुरु का चिर-संपोषित धनुष टूट गया था। उनका दु:खी और क्रोधित होना स्वाभाविक था।

यह धनुष अन्य धनुषों से तुल्य कैसे हो सकता था? यह धनुष परशुरामजी के गर्व की गुरुता था। यह वह बड़ा जहाज था जिस पर

'सब कर संसउ अरु अग्यानू।
मंद महीपन्ह कर अभिमानू॥
भृगुपति केरि गरब गरुआई।
सुर मुनिबरन्ह केरि कदराई॥
सिय कर सोचु जनक पछितावा।
रानिन्ह कर दारुन दुख दावा॥
संभुचाप बड़ बोहितु पाई।
चढ़े जाइ सब संगु बनाई॥'

सब एक ही साथ सवार थे।

किंतु लक्ष्मणजी चुप रहनेवाले नहीं थे। उन्होंने हँसकर कहा, 'हे देव! सभी धनुष समान हैं। पुराने धनुष के टूटने से क्या लाभ-हानि हो सकती है? यह छूते ही टूट गया। राम का इसमें क्या दोष है?'

आप अकारण ही इतना क्रोध कर रहे हैं।

वस्तुत: वाल्मीकि के अनुसार धनुष तोड़ने का क्या प्रयोजन? शर्त धनुष पर प्रत्यंचा चढ़ाने की थी। राम ने कौतुक में ही धनुष उठा लिया। कानों तक खींचा। धनुष बीच में ही टूट गया। गोस्वामीजी ने शर्त के रूप में धनुष तोड़ने का उल्लेख किया है—

'राज समाज आजु जोइ तोरा।
त्रिभुवन जय समेत बैदेही।
बिनहिं विचार बरइ हठि तेही॥'

परशुराम ने अपने परशु की ओर देखते हुए पूछा, 'क्या तुमने मेरे स्वभाव के बारे में नहीं सुना है? तुम मुझे केवल मुनि ही समझते हो? मैं बालक समझकर तेरा वध नहीं कर रहा हूँ। मैं बाल ब्रह्मचारी हूँ और अत्यंत ही क्रोधी हूँ। दुनिया जानती है, दुष्ट क्षत्रियों का मैं द्रोही हूँ। मैंने अपने बाहुबल से धरती से राजाओं का नामोनिशान मिटा दिया। कई बार ब्राह्मणों को उस धरती का दान कर दिया। राजा के लड़के! मेरे इस कुठार को देख, यह वह कुठार है, जिससे मैंने सहस्रबाहु की सारी भुजाएँ काट डाली थीं। मेरा यह परशु अत्यंत भयंकर है। यह गर्भ का भी नाश कर देता है। तुम काल का ग्रास बन अपने माता-पिता को चिंता में मत डालो।'

हँसकर बोलने पर भी सीधी बातें टेढ़ी लगती हैं। लक्ष्मणजी लक्षणा में तो बोल ही रहे थे। कुछ कहने से पूर्व हँसकर उसे और प्रखर कर देते थे। कहा, 'मैं आपको बड़ा योद्धा मानता हूँ, किंतु आप बार-बार मुझे कुठार क्यों दिखा रहे हैं? क्या आप फूँक मारकर पहाड़ उड़ा देना चाहते हैं? यहाँ कोई कुम्हड़े की बेल नहीं है, जो आपकी तर्जनी देखकर मर जाएगी। मैंने आपके वेश और कुठार को ठीक से देखा है, और जो कुछ कहा है, वह स्वाभिमान वश कहा है। आपका जनेऊ देखकर और भृगुवंशी समझकर, जो कुछ आपने कहा, मैंने सुन लिया। क्योंकि हमारे वंश की यह मर्यादा है कि देवता, ब्राह्मण, भक्त और गाय पर हम अपनी वीरता नहीं दिखाते। इन्हें मारने पर पाप लगेगा और इनसे पराजित होने पर कीर्ति को धक्का लगेगा। आपके मारने पर भी हम आपके पैरों पर ही पड़ेंगे। आपके तो वचन ही करोड़ों वज्र के समान हैं। आपने व्यर्थ ही धनुष-बाण और कुठार धारण किए हैं।

आपका वेश देखकर यदि मैंने कुछ अनुचित कह दिया हो तो हे मुनिधीर! आप क्षमा करें।

परशुरामजी ने विश्वामित्र से गुहार लगाई। कहा, यह कुटिल बालक काल के वशीभूत हो गया है और अपने वंश का भी नाश करने पर तुला

है। यह सूर्यवंश का कलंक है, निरंकुश, मूर्ख और निशंक है। क्षण भर में यह काल का ग्रास बनेगा। कोई मुझे दोष नहीं देना। यदि आप इसे बचाना चाहते हैं तो मेरी शक्ति और क्रोध बताकर इसे यहाँ से हटा दें।

लक्ष्मण के लिए यह सुनना काफी था कि परशुरामजी की शक्ति और क्रोध विश्वामित्र उन्हें बता दें। छूटते ही उन्होंने कहा, 'मुनि! आपके रहते दूसरा कौन आपके यश का वर्णन कर सकता है? आपने अनेक वार अपनी करतूतें बताईं, यदि संतोष न हुआ हो तो जो कहना है कह डालें। कहे बिना क्यों आप कहने की असह्य पीड़ा सह रहे हैं।'

लक्ष्मण की बातें सुनकर परशुरामजी ने अपना कुठार तेज किया। बोले, 'लगता है तुम्हारा काल घेरकर तुम्हें यहाँ ला रहा है। यह कटुभाषी बालक वध के ही योग्य है, कोई मुझे अब दोष मत देना। बालक जानकर मैंने बहुत विचार किया।' विश्वामित्र ने कहा, 'इसे बालक समझ आप क्षमा करें।'

परशुराम बोले, 'कौशिक! आप जानते हैं, यह कुठार भयंकर है और मैं निर्दयी क्रोधी हूँ। मेरे सामने गुरुद्रोही अपराधी खड़ा है। केवल आपका विचार कर मैंने इसे छोड़ रखा है, अन्यथा इस कुठार से इसे काटकर गुरु ऋण से मैं उऋण हो जाता।'

लक्ष्मणजी कब चूकनेवाले थे? बोले, 'मुनि, आपका शील विश्वविदित है। आपने पिता की आज्ञा से माता का सिर काट दिया था। पिता के योगबल से माता को जीवित करा दिया था। सिर काटने और जोड़ने से ही आपकी उऋणता यदि प्राप्त होती है तो माता और पिता के ऋण से आप उऋण हो गए। चिंता की बात है, अब आपने गुरु का ऋण बाकी रखा है। बहुत दिन बीत भी चले हैं। आप किसी गणितज्ञ को बुलावें। मैं सिरों की थैली खोलता हूँ। (लक्ष्मणजी सहस्र फण शेष का अवतार थे।) ब्याज सहित जितने सिर बनते हों, इस परशु से काटकर गुरु से उऋण हो जाएँ।

परशुरामजी ने परशु सँभाला। सभा हाय-हाय चिल्लाने लगी। भय

और आशंका से लोग इसे धृष्टता और अनुचित कहने लगे।

श्रीराम ने इशारे से लक्ष्मण को रोका।

भृगुपति का क्रोध प्रज्वलित अग्नि था, लक्ष्मण के कटु बोल आहुति का काम कर रहे थे, श्रीराम ने जल के समान शीतल वचनों से उन्हें शांत करना चाहा। बोले, 'बालक पर कृपा करें। यदि यह आपका प्रभाव जानता तो ऐसी बातें नहीं करता। नाथ, उसे आप अपना शिशु सेवक समझें। लड़कों की गलतियों पर माता, पिता और बुजुर्ग क्रोध नहीं करते, बल्कि प्रसन्न होते हैं।'

श्रीराम की बातों से परशुरामजी कुछ शांत हुए। पर लक्ष्मण कुछ कहकर मुसकराए। लक्ष्मण की बोली और हँसी ही सारे अनर्थ की मूल थीं। मुनि पुनः भड़क गए। कहा, 'राम' तुम्हारा भाई तुम्हारे जैसा नहीं है। शरीर से भले ही गोरा है, पर मुँह में जहर ही भरा है।

लक्ष्मणजी ने कहा, 'मुनिवर! मैं आपका सेवक हूँ। कृपा करके मेरे ऊपर क्रोध न करें। आप आसन पर बिराजें। बहुत देर से खड़े हैं। आपके पैर दुखने लगे होंगे। अब तो धनुष टूट ही गया है। क्रोध करने से तो यह जुड़ेगा नहीं। यदि यह धनुष आपको अतिशय प्रिय है, तो किसी जोड़नेवाले को बुलाकर जुड़वा देते हैं।'

लक्ष्मण की बातें सुन अशुभ की आशंका से जनकजी डरने लगे। बोले, अब अनुचित हो रहा है। यह ठीक नहीं है। लोग तो—

'थर-थर काँपहि पुर नर नारी।
छोट कुमार खोट बड़भारी॥'

सबकी दृष्टि में लक्ष्मणजी अब गलत दिखाई देने लगे। भृगुपति ने राम से गुहार लगाई। देखो, तुम्हारा भाई समझकर मैंने इसे अब तक छोड़ रखा है। पर इसका

'मनु मलीन तनु सुंदर कैसें।
विष रस भरा कनकु घट जैसें॥'

लक्ष्मणजी फिर हँस पड़े।

श्रीराम ने परशुरामजी को अनेक तरह से शांत किया। परशुरामजी अत्यधिक उत्तेजित हो गए थे। बोले, 'यदि कुठार से मैंने इसे नहीं काटा तो क्रोध करने से क्या लाभ? आज दया के कारण ही मैं असह्य दुःख से दुखी हो रहा हूँ।'

लक्ष्मणजी पुनः कटु वाणी के साथ हँसकर बोले, 'यदि कृपा करने से आपका बदन जल रहा है, तो क्रोध करने पर विधाता ही आपकी रक्षा करें।'

परशुरामजी आवेशित हो गए। इस बार जनकजी से गुहार लगाई। कहा, 'यह हठी बालक मरना चाहता है। राजा का यह लड़का बड़ा ही खोटा है। इसे मेरी आँखों से ओझल करो।'

श्रीराम ने मुनि को बहुत समझाया। कहा, 'इस बालक ने आपको नहीं पहचाना। मुनि रूप में आए होते तो निश्चय ही सिर नवाता। यह अजान है। इसे क्षमा करें। मेरा नाम केवल राम है, आपका नाम परशु युक्त परशुराम है। हमारे धनुष पर केवल एक ही तंतु चढ़ता है। आपके यज्ञोपवीत में तो नौ तंतु हैं।

श्रीराम की समस्त चेष्टाओं को भृगुपति नहीं समझ पाए। वे फैलते ही गए। जब राम की गूढ़ बातों का उन्हें चेत हुआ, उन्होंने अपना धनुष चाप चढ़ाने के लिए श्रीराम को दिया। श्रीराम के हाथ में आते ही वह चाप अपने आप चढ़ गया।

परशुरामजी को रामावतार का ज्ञान हो गया। श्रीराम की वंदना करके क्षमा-याचना करते हुए वन में तपस्या करने चले गए।

□

'जब ते राम ब्याहि घर आए।
नित नव मंगल मोद बधाए॥'

राम-विवाह के पश्चात् राजभवन में आनंद छा गया था। राज-

तिलक की घोषणा से सारी अयोध्या पुलकित हो उठी थी। सावन की काली घटा की तरह कैकेयी के विरोध और माँग ने पूरे वातावरण में अवसाद घोल दिया था।

लक्ष्मण अत्यधिक उत्साह में थे। उन्हें जब वनवास का समाचार मिला, 'व्याकुल बदन बिलख उठि धाए।' रंग में भंग पड़ गया था। लक्ष्मण को चिंता हुई, श्रीभगवान् उन्हें साथ ले चलेंगे या घर पर ही छोड़ देंगे। उनका शरीर कंपित था। आँखों से अश्रु झर रहे थे। वाणी मौन थी। उनकी दशा जल से बाहर निकाली मछली जैसी हो गई थी। मन में संघर्ष था, क्या श्रीराम मुझे अपने साथ वन में ले चलेंगे? लक्ष्मण की मूकता ने वह सब कह दिया, जो उन्हें कहना था।

भाई को हाथ जोड़ खड़े देख श्रीराम ने उन्हें समझाया। प्रेम में लक्ष्मण को कमजोर नहीं होना चाहिए। उन्हें माता-पिता की सेवा करनी चाहिए। भरत-शत्रुघ्न भी घर पर नहीं हैं। महाराज वृद्ध हैं। साथ ही मेरे वियोग की असह्य व्यथा भी मन में है, ऐसी स्थिति में उन्हें वन में साथ ले जाने पर सारी अयोध्या अनाथ हो जाएगी। समस्त प्रजा भी दुखी हो जाएगी। लक्ष्मण को श्रीराम ने परलोक का भी भय दिखाया—

'जासु राज प्रिय प्रजा दुखारी।
सो नृपु अवसि नरक अधिकारी॥'

अतः घर पर रहकर लक्ष्मणजी को सबकुछ देखना है।

श्रीराम की बातों को सुन लक्ष्मण वैसे ही सूख गए जैसे बर्फ के स्पर्श से पान के पत्ते। उन्हें कोई उत्तर देते नहीं बन पड़ा। कहा, 'प्रभु, मैं तो सेवक हूँ और आप स्वामी। अगर आप मुझे त्याग ही देंगे तो मेरा क्या वश चलेगा? किंतु कृपासिंधु ने उसका कभी त्याग नहीं किया है, जो मन, कर्म, वचन से उसमें रत है, निमग्न है।

'जहँ लगि जगत सनेह सगाई।
प्रीति प्रतीति निगम निजु गाई॥

मोरें सबईं एक तुम्ह स्वामी।
दीनबंधु उर अंतर जामी॥'

श्रीराम द्वारा रखी गई सारी परिस्थितियों का समाधान लक्ष्मण ने एक वाक्य में कर दिया। उनके लिए तो केवल श्रीराम हैं, अन्य किसी संबंध या दायित्व को वह नहीं जानते। उन्होंने कहा, धर्म और नीति का उपदेश उसके लिए है जिसे भौतिक कीर्ति, वैभव और सद्‌गति की अपेक्षा है, जो प्रेयस चाहता है। मुझे आपके सिवा कुछ नहीं चाहिए। मुझे सबसे विराग है।

श्रीराम अगर परब्रह्म परमेश्वर हैं, सीता भक्ति का स्वरूप हैं तो लक्ष्मणजी मूर्तिमान वैराग्य हैं। उन्हें श्रीराम की सेवा के अतिरिक्त किसी भी वस्तु या व्यक्ति में अनुरक्ति नहीं है। उन्हें कुछ नहीं चाहिए—

'धरम नीति उपदेसिअ ताही।
कीरति भूति सुगति प्रिय जाही॥'

श्रीराम को अनुकूल बनाने के लिए लक्ष्मण को ज्यादा कुछ नहीं कहना पड़ा। छूटते ही श्रीराम ने कहा—

'माँगहु बिदा मातु सन जाई।
आवहु वेगि चलहु बन भाई॥'

माता सुमित्रा ने भी बिना किसी उलझन के सीधे कहा—

'अवध तहाँ जहँ राम निवासू।
तहँइ दिवसु जहँ भानु प्रकासू॥
तुम्हरेहिं भाग रामु बन जाहीं।
दूसर हेतु तात कछु नाहीं॥
जेहिं न रामु बन लहहिं कलेसू।
सुत सोइ करेहु इहइ उपदेसू॥'

लक्ष्मणजी ज़ानकीनाथ के पास गए। उनका साथ प्राप्त कर प्रसन्न हो गए। पुन: सियाराम के साथ वनवास चले।

□

श्रीराम के श्रृंगबेरपुर पहुँचने की सूचना निषादराज को मिली। वह 'लिए फल मूल भेंट भरि भारा' श्रीराम से मिलने पहुँचा। उसने 'देव धरनि धनु धामु तुम्हारा' कहकर अपना सर्वस्व श्रीराम पर न्योछावर कर दिया। अपने नगर में पधारने का अनुरोध किया। पिता की आज्ञा के बारे में बताकर श्रीराम ने चौदह वर्ष वनवास में रहने की बात कही। नगर में जाना अनुचित बताया। निषादराज ने परिस्थिति की अनुरूपता समझी और मनोहर अशोक वृक्ष के नीचे साफ़-सफाई कर वहीं दर्भ-सज्जा बना दी। रघुवंशमणि ने वहीं पर रात्रि विश्राम किया।

भगवान् जब सो गए, थोड़ी दूरी पर लक्ष्मण वीरासन में बैठे, सशस्त्र रखवाली करने लगे। निषादराज सीता-राम की सुरक्षा के लिए जगह-जगह विश्वसनीय पहरेदारों को नियुक्त कर स्वयं धनुष-बाण से सन्नद्ध लक्ष्मण के पास बैठा।

'सोवत प्रभुहि निहारि निषादू।
भयउ प्रेम वस ह्रदयँ बिषादू॥'

सुरपति के भवन से भी कमनीय महाराज दशरथ के भव्य राज प्रासाद में कोमल शय्या पर विश्राम करनेवाले सीता-राम को निषाद ने पर्ण शय्या पर वृक्ष के नीचे सोते हुए देखा। उसका मन करुणा से भर आया, क्या विडंबना थी—

'जोगवहिं जिन्हहिं प्रान की नाईं।
महि सोवत तेइ राम गोसाईं॥'

उसने कुटिल कैकेयी के लिए कुछ दुर्वाद कहे।

लक्ष्मणजी ने निषादराज को समझाया। लक्ष्मणजी स्वयं वैराग्य थे,

किंतु प्रस्तुत अर्द्धावली में व्यक्त 'ग्यान विराग भगति रस सानी' उनकी उक्ति उनकी अनुभूति और बोध को अभिव्यक्त करती है।

लक्ष्मणजी ने समझाया कि जाग्रतावस्था के जितने भी व्यवहार हैं—

'देखिअ सुनिअ गुनिअ मन माहीं।
मोह मूल परमारथु नाहीं॥'

वह परमार्थ भगवद्-प्राप्ति के लिए नहीं है। सबकी जड़ में मोह है। अपने कर्मों का भोग सभी को मिलता है। कोई किसी को सुख-दुःख देनेवाला नहीं है। संसार के सारे संयोग-वियोग, अच्छे-बुरे भोग, हित-अनहित भ्रम हैं। संसार के जंजाल जन्म-मृत्यु, संपत्ति-विपत्ति कर्म और काल तथा सारे व्यवहार धन, धरती, घर, परिवार, स्वर्ग, नरक सबकी जड़ अज्ञान ही है। अज्ञान के कारण ही ये भासित हो रहे हैं। वस्तुत: इनकी स्थिति स्वप्नवत् है।

अत: किसी को (प्रस्तुत संदर्भ में कैकेयी को) न तो दोष देना चाहिए, न किसी पर क्रोध ही करना चाहिए।

बात-बात में क्रोधित होनेवाले लक्ष्मण का यह ज्ञान-रस है।

यह संसार मोह की रात्रि है। इस मोह-निशा में सारी दुनिया सोने ही वाली है। स्वप्नावस्था में सभी अनेक प्रकार का स्वप्न देखते हैं, मनोकामनाएँ करते हैं। इस रात्रि में केवल योगी ही जागते हैं, जो परमार्थी हैं और जिन्होंने सांसारिक प्रपंच को छोड़ दिया है। जब समस्त भोगों और वैभव विलास से वैराग्य हो जाए, तब ही समझना चाहिए कि जीव की नींद टूट गई, वह जाग गया। विवेक से अज्ञान और विभ्रम मिट जाते हैं। रघुनाथजी के चरणों में अनुरक्ति होती है।

लक्ष्मणजी का यह वैराग्य-रस है।

आगे वे निषाद को बताते हैं, 'मित्र! परम पुरुषार्थ—पुरुषार्थ चतुष्ट्य की परमोच्च उपलब्धि—श्रीरामजी के चरणों में मन, कर्म और वचन से

अनुरक्ति ही है। इसके बिना परम पद की प्राप्ति नहीं हो सकती।'

श्रीराम परमब्रह्म हैं, परम तत्त्व के रूप हैं। वे ज्ञान गम्य नहीं हैं, अलख, अनूप, विकार-रहित हैं। वेदों ने नेति-नेति कहकर इनका ही निरूपण किया है। गाय, ब्राह्मण, देवता, धरती और भक्तों के कल्याण के लिए वे ही मानव शरीर धारण कर अनेक लीलाएँ करते हैं, जिनको सुनने से ही सारे भव-बंधन कट जाते हैं। भाग्यशाली हो तुम, जो स्वयं सबकुछ देख रहे हो।

अत: अज्ञान छोड़कर सियाराम के चरणों में लीन हो जाओ।

यह लक्ष्मणजी का भक्ति रस है।

'मानस' में लक्ष्मण का शौर्य-रौद्र रूप कई बार प्रकट हुआ है। वह श्रीराम के विरुद्ध या उनके प्रतिकूल कुछ भी सुनने को तैयार नहीं हैं। ऐसी स्थिति आने पर सर्वत्र वह भड़क उठते हैं, उनका 'नीति रस' 'युद्ध रस' में बदल जाता है। किंतु कहीं भी यह क्रियात्मक नहीं हो पाया है, वाचिक ही रह गया है।

भरत के चित्रकूट पहुँचने के पहलेवाली रात सीता ने स्वप्न देखा। भरत समाज के साथ वहाँ आए हैं। श्रीराम के वियोग से संतप्त हैं। साथ में माताएँ भी हैं। वे विवर्ण हैं, मलिन और दुखी हैं। सुनते ही श्रीराम की आँखों में आँसू भर आए। कहा, 'लक्ष्मण, यह स्वप्न शुभ नहीं है। लगता कुछ अशुभ-अमंगल सुनना पड़ेगा।' कल्याण की कामना से उन्होंने भाई के साथ शिवार्चन किया।

एक किरात ने आकर सूचना दी कि भरत आ रहे हैं। श्रीराम सोचने लगे—

'कारन कवन भरत आगवनू।'

तब तक दूसरे किरात ने आकर कहा—

'सेन संग चतुरंग न थोरी।'

भरत के साथ अथोर चतुरंगिणी सेना है। श्रीराम अत्यधिक चिंतित हो उठे। चित्त विकल हो गया, किंतु यह सोचकर संतोष हुआ कि

'भरत कहे महुँ साधु सयाने।'

भरत आज्ञाकारी हैं, साधु हैं और समझदार हैं।

राम की यह मानसिक दशा लक्ष्मण से छिपी नहीं रह सकी। उनका नीति-विचार प्रबुद्ध हो गया।

क्षमा-याचनापूर्वक उन्होंने कहा, 'नाथ! आप स्वयं सरल हृदय, उदार चित्त, शील और स्नेह के निधान हैं। आप सब पर सहज ही प्रतीति-विश्वास कर लेते हैं। यह विषयी जीव प्रभुता पाकर अज्ञान में भूल जाता है। भरत की नीति-रीति, साधुता आपके चरणों में अनुराग सभी जानते हैं, किंतु श्रीराम का स्थान पा आज उन्होंने धर्म की मर्यादा छोड़ दी।'

भरत कुटिल हैं। कुबंधु हैं। कुअवसर की ताक में थे। वह वन में आपको अकेला समझ अपने राज्य-भोग को निष्कंटक करने के लिए सदल सुविचारित रूप से आ रहे हैं। यदि उसके मन में खोट नहीं होती तो हाथी, घोड़े और रथ लेकर क्यों आते?

सहसा लक्ष्मण सोचते हैं, भरत के लिए यह नई बात नहीं है। अनेक देवताओं और राजाओं का उदाहरण देकर बताया, 'जग बौराइ राज पदु पाएँ।' शत्रु और ऋण को तनिक भी छोटा नहीं समझना चाहिए। ऐसा सोचकर ही भरत ने उपाय सोचा है। राम को असहाय समझकर उन्होंने अच्छा नहीं किया।

राम की असहाय अवस्था का चित्र मन में आते ही लक्ष्मण का शौर्य जाग उठा—

'एतना कहत नीति रस भूला।
रन रस बिटपु पुलक मिस फूला॥'

श्रीराम के चरणों की वंदना की। धूल मस्तक पर लगाई और सहजतापूर्वक बोले, 'हे नाथ! पैर से मारने पर धूल भी सिर पर चढ़ जाती है, मैं तो क्षत्रिय हूँ, रघुवंशी हूँ और राम का अनुज हूँ। मैं आपके साथ हूँ और हमारे हाथ में धनुष भी है। अब कहाँ तक भरत को सहा जाए और मन मारकर रहा जाए?'

लक्ष्मण का सोया वीर रस जाग उठा था। उन्होंने जटाएँ बाँध लीं। हाथों में धनुष-बाण ले लिये। हाथ जोड़कर राम से आज्ञा माँगी। कहा, 'आज मैं राम का सेवक होने का यश प्राप्त करूँगा। दोनों भाइयों को युद्धभूमि में मारकर गिरा दूँगा। भरत को बता दूँगा, राम का निरादर करने का क्या फल होता है। सारा हिसाब चुकता कर लूँगा। जिस तरह से हाथियों के समूह को सिंह मसल देता है, बाज लवा को लपेट लेता है, उसी तरह सेना सहित दोनों भाइयों को युद्धभूमि में मार डालूँगा। शंकरजी भी यदि उनकी रक्षा करें, राम के चरणों की सौगंध है, वे नहीं बच पाएँगे।'

सहसा ही शेषरूप अशेष क्रोध में आ गए। समस्त लोक उनकी शपथ और क्रोध को देख डर गए, लोकपति डरकर भागने लगे।

लक्ष्मण के बाहुबल और प्रताप की प्रशंसा करती हुई उसी समय आकाशवाणी हुई—

'सहसा करि पाछें पछिताहीं।
कहहिं बेद बुध ते बुधि नाहीं॥'

आकाशवाणी सुनकर लखनलाल सकुचा गए। श्रीराम ने भी अनेक उदाहरणों सहित भरत को 'भरत हंस रविवंश तड़ागा' बताया। देवताओं ने भी कहा—

'जौं न होत जग जनम भरत को।
सकल धरम धुर धरनि धरत को॥'

देववाणी सुन लक्ष्मणजी शांत और सहज हो गए—

'लखन राम सियँ सुनि सुर बानी।
अति सुखु लहेउ न जाइ बखानी॥'

लक्ष्मणजी की घोषणा ज्यों-की-त्यों धरी रह गई।

वनवास के दिनों में एक बार भगवान् श्रीराम आराम से बैठे थे। लक्ष्मण ने बड़े विनम्र भाव से निवेदन किया—'प्रभु, ज्ञान-वैराग्य, माया, भक्ति तथा जीव और ईश्वर का भेद स्पष्ट रूप से बताएँ, जिससे भ्रम का नाश हो और आपके चरणों में अनुरक्ति हो।'

प्रभु श्रीराम ने कहा—मैं और मेरा, तू और तेरा का भेद ही माया है। इंद्रियों के विषय और मन जहाँ तक जा सकता है, वह सब माया है। यह विविधता और अनेकता ही माया है। इसी ने संपूर्ण विश्व को आबद्ध कर रखा है।

यह माया दो प्रकार की है—एक विद्या, दूसरी अविद्या है। अविद्या दुष्ट रूपा है। इसके वश में पड़ा जीव संसार रूपी कूप में पड़ा हुआ है, अनेक दुःखों को भोगता है। दूसरी विद्या प्रभु से प्रेरित है। यह विश्व की रचना करती है, गुण इसके अधीन हैं। इसकी अपनी कोई शक्ति नहीं है।

ज्ञान वह है जो निराभिमान होकर सर्वत्र सब में प्रभु को, ब्रह्म रूप को देखता है।

जो समस्त सिद्धियों को छोड़कर निरपेक्ष हो गया है तथा गुणातीत है, वही विरागी है। सिद्धियों से अनासक्ति और गुणों से निवृत्ति ही वैराग्य है। सिद्धियाँ व्यक्ति में दर्प की वृद्धि करती हैं, गुण मनुष्य में दिव्यता, भव्यता, क्रियात्मकता का संचार करते हैं, वही मोह, अज्ञान, क्रोध और अहंकार भी भरते हैं।

जिसे ब्रह्म का ज्ञान नहीं है, जो माया को भी नहीं जानता, जिसे अपना भी पता नहीं है, वह जीव है। माया को प्रेरित करनेवाला, मोक्ष और बंधन को देनेवाला ईश्वर है।

धर्म से वैराग्य तथा योग से ज्ञान की प्राप्ति होती है। ज्ञान ही मोक्ष देनेवाला है। किंतु मेरी भक्ति ही है जिससे मैं शीघ्र द्रवित होता हूँ। यह भक्त के अधीन है। भक्ति ही सुख की मूल है, किंतु संतों की प्रसन्नता से ही यह मिलती है। मुझे पाने का यह सबसे सुगम मार्ग है।

श्रीराम ने भक्ति के साधनों का विवेचन किया। सर्वप्रथम ब्राह्मणों में, विद्वानों में प्रेम होना चाहिए और वेदोक्त कर्मों में अनुरक्ति होनी चाहिए। मेरी प्रेमलीला कथा में आसक्ति हो। संतों के चरणों में प्रेम हो, मेरी चर्चा में मन, कर्म और वाणी से तन्मयता हो। मुझे ही माता, पिता, पति, बंधु और गुरु समझें—ये भक्ति के साधन हैं, जो साध्य तक ले जाते हैं।

मैं उन निष्काम भक्तों के हृदय में रहता हूँ, जो—

'मम गुन गावत पुलक सरीरा।
गदगद गिरा नयन बह नीरा॥
काम आदि मद दंभ न जाकें।
तात निरंतर बस मैं ताकें॥'

श्रीराम द्वारा निरूपण सुन लक्ष्मणजी आनंदित हो गए और फिर उनके श्री चरणों में शीश झुकाया।

पर्वत के पत्थर-हृदय को छेदकर निर्झरणियाँ मचल पड़ती हैं। वे प्रमाणित करती हैं कि उस शुष्कता के भीतर भी कितनी शीतलता, तरलता का वेग है। उग्र-व्यग्र दिखनेवाले लक्ष्मण के हृदय में ब्रह्म जिज्ञासा और भक्ति तत्त्व को हृदयंगम करने की कितनी आकुलता है, प्रस्तुत संदर्भ यह स्पष्ट करते हैं।

सीता-हरण से सेतु-बंध तक लक्ष्मण की भूमिका एक सुधी श्रोता की तरह मौन रही है। केवल एक बार जब सुग्रीव कर्तव्य-विमुख हो गए हैं, तब उनको दायित्व-बोध कराने के लिए क्रोधवंत हो, नगर-द्वार पर

'धनुष चढ़ाइ कहा तब जारि करउँ पुर छार।'

कहा है, वह भी तब जब राम ने सुग्रीव की उपेक्षा की बात कही है। लक्ष्मण को श्रीराम की उपेक्षा तनिक भी सह्य नहीं है।

युद्ध कांड में लक्ष्मण-मेघनाद-संग्राम इतिहास के इने-गिने युद्धों में एक है।

दूसरे दिन युद्धारंभ में ही मेघनाद श्रीराम के सामने आ गया। अनेक प्रकार से माया-युद्ध करने लगा, किंतु श्रीराम ने एक ही बाण में उसकी सारी माया काट दी।

श्रीराम का आदेश पा लक्ष्मण मेघनाद से भिड़ने चले। क्षण भर में भयंकर युद्ध छिड़ गया—

'लछिमन मेघनाद द्वौ जोधा।
भिरहिं परसपर करि अति क्रोधा॥
एकहि एक सकइ नहिं जीती।
निसिचर छल बल करइ अनीती॥'

लक्ष्मण को क्रोध आया। उन्होंने मेघनाद के रथ, घोड़े और सारथि मार गिराए। मेघनाद के जान के लाले पड़ गए। प्राणों को संकट में देख उसने लक्ष्मण पर शक्ति-प्रहार किया। लक्ष्मण मूर्च्छित हो गए। मेघनाद ने चाहा, वह घायल अवस्था में उन्हें उठा ले जाए। किंतु शेष के अवतार लक्ष्मण क्या अनेकों मेघनाद से उठाए जा सकते थे?

लक्ष्मण को शक्ति बाण लगने पर इनके क्षणिक वियोग की पीड़ा राम के लिए कितनी मर्मांतक है, इसका अंदाजा श्रीराम के प्रलाप से लगाया जा सकता है।

'जथा पंख बिनु खग अति दीना।
मनि बिनु फनि करिबर कर हीना॥
अस मम जिवन बंधु बिनु तोही।
जौं जड़ दैव जिआवै मोही॥'

स्पष्ट है कि श्रीराम के जीवन में लक्ष्मण का बड़ा महत्त्व है। हनुमानजी संजीवन बूटी लाए। सुषेण के उपचार से लक्ष्मणजी स्वस्थ हुए।

कुंभकर्ण के मारे जाने के बाद मेघनाद ने दुर्दांत युद्ध किया। बंदर-भालुओं की सेना को आकुल-व्याकुल कर दिया, पर जामवंत के प्रहार से मेघनाद मूर्च्छित हो गया। जामवंत ने उसे उठाकर लंका में फेंक दिया। पिता के सामने इस अवस्था में अपने को पा वह बहुत लज्जित हुआ। अजेय होने के लिए अपवित्र यज्ञ का अनुष्ठान किया। सूचना पाते ही श्रीराम ने बंदर-भालुओं को अनुष्ठान भंग करने के लिए भेजा। लक्ष्मण को आदेश किया, वह मेघनाद को मार दें।

बंदर-भालुओं ने बहुत विघ्न डाला। उसके बाल खींचे। लात मारी। उसकी प्रशंसा की। मेघनाद विवश होकर उठा और फिर भयंकर युद्ध करने लगा। अंगद और हनुमान ने बहुत कोशिश की, किंतु

'फिरे बीर रिपु मरइ न मारा।'

उसे तो वरदान था—

'नींद नारि भोजन परिहरिहुँ।
सोइ मर्द मेघनाद को मरिहुँ॥'

यह केवल लक्ष्मण ही थे, काल की तरह आते हुए क्रुद्ध मेघनाद को देखा और

'छाड़ा बान माझ उर लागा।
मरती बार कपटु सब त्यागा॥'

शक्ति-बाण प्रहार के बदले लक्ष्मण ने उसके प्राण ले लिये। उसे वीरगति प्राप्त हुई।

हनुमानजी उसे उठाकर लंका के द्वार पर रख आए।

लक्ष्मण का यह अमित विक्रम था। अपने तपबल से नींद, नारी और

भोजन का जिन्होंने परित्याग किया था। मेघनाद के वध की ये पूर्व शर्तें थीं। मात्र लक्ष्मण ने इन्हें पूरा किया था। उसको मारने में वे समर्थ हुए।

लक्ष्मण-रावण युद्ध भी कम भयंकर और शौर्यपूर्ण नहीं था। मेघनाद की वीरगति के बाद युद्ध क्षेत्र में अपनी सेना को विचलित होते देख रावण भारी क्रोध के साथ आ डटा। उसके बीसों हाथ में एक साथ दस धनुष खिंच गए। बाँदरी सेना 'पाहि पाहि रघुबीर गोसाईं' कहकर भाग चली। लक्ष्मणजी सक्रोध आ डटे।

रावण ने प्रचंड बाण छोड़े। लक्ष्मण ने वे खंड-खंड कर डाले। उन्होंने रावण का रथ तोड़ दिया, घोड़े और सारथि को मार गिराया। दसों मस्तक में सौ-सौ बाण मारे। रावण के शरीर में बाण वैसे ही घुस रहे थे जैसे पर्वत शिखरों में सर्प प्रवेश कर रहे हों। उसके हृदय प्रदेश में भी सौ बाण मारे। वह बेसुध होकर गिर पड़ा। मूर्च्छा छूटने पर वह उठा और ब्रह्माजी से प्राप्त शक्ति का प्रहार किया। क्या करता, जब जान के लाले पड़े हों तो ब्रह्मास्त्र का भी प्रयोग किया जा सकता है। बेहोश लक्ष्मण को रावण ने उठाना चाहा। पर संफल नहीं हुआ। हनुमानजी उन्हें उठाकर राम के पास लाए। श्रीराम की उत्साहजनक बातों से लक्ष्मणजी उठ बैठे और रावण से फिर आ भिड़े।

लक्ष्मण ने रावण के रथ को चूर-चूर कर दिया, सारथि को मारा और रावण को भी व्याकुल कर दिया। रावण के हृदय में सौ बाण मारे, वह विकल होकर धराशायी हो गया। दूसरा सारथि उसे रथ में डालकर लंका ले गया।

अतुल बलशाली रावण के दरबार में लोकपाल अंजलिबद्ध खड़े रहते थे, उसके चलने पर धरती डोलने लगती थी, जिसकी शक्ति और दर्प के समक्ष समस्त सुर, असुर, गंधर्व नत थे। लक्ष्मण ने उसे ही पराभूत कर दिया था, ऐसा पराभूत कि बेहोशी की हालत में प्राण-रक्षा के लिए युद्धभूमि से भागना पड़ा था।

यह लक्ष्मण का शौर्य था।

श्रीराम और लक्ष्मण के संबंधों को स्पष्ट करते हुए प्रारंभ में ही गोस्वामीजी ने कहा है—

'बारे हित निज हित पति जानी।
लछिमन राम चरन रति मानी॥'

लड़कपन से ही लक्ष्मण श्रीराम के चरणों में अनुरक्त थे। यह संबंध आगे चलकर इतना संवेदनशील हो गया कि बिना कहे ही एक दूसरे के मन का भाव समझ जाते थे। संग-साहचर्य इतना घनिष्ठ हो गया कि एक क्षण का वियोग एक-दूसरे के लिए असह्य था। लक्ष्मण श्रीराम के अनुगामी थे। राम के विरुद्ध उन्हें कुछ भी सह्य नहीं था। महाराज जनक की सभा में लक्ष्मण का रुद्र रूप या भृगुकुल केतु परशुरामजी से वाक्-द्वंद्व, जो केवल श्रीराम के स्वाभिमान की रक्षा के लिए ही था।

विश्वामित्र महानिधि की तरह स्यामल-गौर सुंदर दोउ भाई राम और लक्ष्मण को लेकर यज्ञ-रक्षा के लिए चले। श्रीराम ने ताड़का, सबाहु को मारा और 'अनुज निसाचर कटक संहारा।' लक्ष्मण ने पूरी राक्षस सेना का नाश कर दिया।

मिथिला में विदेह ने जब राम-लक्ष्मण को देखा, उन्हें 'ब्रह्म जीव इव सहज सनेहू' दीख पड़े। इतना तादात्म्य था दोनों में।

लक्ष्मण के मन की विशेष लालसा जनकपुर देखने की राम ने बिना कहे ही जान ली। मुनि से आज्ञा पा उन्हें नगर दिखा लाए।

लक्ष्मण अनुज के साथ-साथ श्रीराम के सखा-सुहृद भी हैं। श्रीराम के कोमल मन के भावों की गाँठ लक्ष्मणजी ही खोलते हैं। पुष्प-वाटिका में जब सीता देखीं, उनके कंकण, किंकिनि और नूपुर की आवाज सुनी, तो राम ने लक्ष्मण से कहा, 'मानो कामदेव ने विश्व-विजय की इच्छा से अपनी दुंदुभी बजा दी है।' उनके सहज और पवित्र मन में क्षोभ उत्पन्न हुआ। उन्हें सहसा खयाल आया, रघुवंशियों के सहज स्वभाव में कभी कुपथ पर पैर

रखने की भावना नहीं होती। लक्ष्मण से उन्होंने स्पष्ट कहा, 'भाई, यही वह जनक किशोरी है, जिसके लिए धनुष-यज्ञ हो रहा है।'

श्रीराम जहाँ सीता के प्रति पूर्व राग की भावना लक्ष्मण से व्यक्त करते हैं, सीता-हरण के पश्चात् विप्रलंभ के क्षणों में भी सारे उद्दीपनों की व्यंजना राम लक्ष्मण से ही करते हैं।

महाराज जनक की अतिथिशाला हो, शृंगबेरपुर के अशोक वृक्ष की छाया, वन का पर्ण कुटीर, लक्ष्मण श्रीराम के पैर दबाते हैं, राम के शयन के बाद विश्राम करते हैं अथवा वीरासन में सायुध सावधान हो उनकी रखवाली करते हैं।

वनवास तो राम को मिला था। सीता उनकी पत्नी साथ आई थीं। वन-कुसुम से राम वन में भी उनका शृंगार करते थे। लक्ष्मण प्रेमवश, सेवा की भावना से 'अवध तहाँ जहँ राम निवासू' से प्रेरित हो होकर आए थे। माता सुमित्रा से 'मन क्रम बचन करेहु सेवकाई' की आज्ञा पाकर आए थे। पर उर्मिला, जिसका विवाह भी सीता-राम के विवाह के साथ ही लक्ष्मण सें हुआ था, से लक्ष्मण ने भ्रातृ-भक्ति के प्रवाह में परामर्श भी नहीं किया। उसे त्यक्त, उपेक्षित पीछे छोड़ दिया। सीता की भगिनी क्या वन में तपस्या नहीं कर सकती थी? कितना बड़ा त्याग है लक्ष्मण का, जो अपनी सद्यःपरिणीता भार्या को घर पर छोड़ चौदह वर्षों के लिए जंगल में चले आए। अवधि समाप्ति के पश्चात् जब लक्ष्मण लौटे, सखियों ने उर्मिला का शृंगार उनके स्वागत के लिए करना चाहा था। उर्मिला ने कहा—

> **'पर यौवन उन्माद कहाँ से लाऊँगी मैं?**
> **वह खोया धन आज कहाँ सखि पाऊँगी मैं?'**

और फिर कहा—

> **'विरह रुदन में गया मिलन में भी मैं रोऊँ।**
> **मुझे और कुछ नहीं चाहिए पद रज धोऊँ॥'**

कितना बड़ा त्याग है लक्ष्मण का राम चरणानुराग के लिए?

वन-गमन के समय आगे राम हैं, पीछे लक्ष्मण हैं और बीच में सीता हैं।

'आगें रामु लखनु बने पाछें।
तापस वेष बिराजत काछें॥
उभय बीच सिय सोहति कैसें।
ब्रह्म जीव बिच माया जैसे॥'

चलने में भी विशेषता है, आदर और मर्यादा का भाव है—

'प्रभु पद रेख बीच बिच सीता।
धरति चरन मग चलति सभीता॥'

श्रीराम के दो चरण-चिह्नों के बीच पैर रखकर डरती हुई सीता चलती है और लक्ष्मण? वे तो सीता-राम, दोनों के चरण-चिह्नों को बचाकर और इन्हें दाहिनी ओर रखकर चलते हैं।

'सीय राम पद अंक बराएँ।
लखन चलहिं मगु दाहिन लाएँ॥'

कितनी बड़ी तपस्या है, कितना अधिक प्रेम?

'राम लखन सिय प्रीति सुहाई।
बचन अगोचर किमि कहि जाई॥'

लक्ष्मण का ऐसा त्याग, तपस्या, सेवा तथा श्रीराम के चरणों में अनुरक्ति है, जिसने गोस्वामीजी को श्रद्धावनत किया यह कहने के लिए—

'बंदउँ लछिमन पद जल जाता।
सीतल सुभग भगत सुख दाता॥'

□

अंगद कहँ जुबराज

'यह तनय मम सम बिनय बल कल्यानप्रद प्रभु लीजिऐ।
गहि बाँह सुर नर नाह आपन दास अंगद कीजिऐ॥'

यह प्रार्थना है बालि की, जिन्होंने अपने अंतिम क्षणों में भक्ति भाव से अपने को मारनेवाले राम से की थी। कहा जाता है, जीवन के अंतिम क्षणों में यदि विवेक जाग्रत् हो जाता है, प्रभु चरणों में अनुरक्ति हो जाती है, जन्म सफल तो हो ही जाता है, परलोक भी बन जाता है। बालि की इसी प्रार्थना के फलस्वरूप श्रीराम के आदेश से बालि की मृत्यु के पश्चात्—

'लछिमन तुरत बोलाए पुरजन बिप्र समाज।
राज दीन्ह सुग्रीव कहँ अंगद कहँ जुबराज॥'

अंगद युवराज बने।

युवराज की भूमिका में सर्वप्रथम उन्होंने धनुष चढ़ाकर 'जारि करउँ पुर छार' का उद्घोष करनेवाले लक्ष्मण का क्रोध विनयपूर्वक शांत किया—

'चरन नाइ सिरु बिनती कीन्ही।
लछिमन अभय बाँह तेहि दीन्ही॥'

सीता की खोज में वानर सभी दिशाओं मे जाने लगे। सुग्रीव ने अंगद, नल, हनुमान आदि वीरों को बुलाया और उन्हें दक्षिण दिशा में जाने को कहा। यह तो पता चल ही गया था, सीता का हरण रावण ने किया है। उन्हें दक्षिण दिशा में ले गया है। अब पता यह लगाना था कि सीता कहाँ हैं? किस अवस्था में हैं? सुग्रीव ने सुभटों को दक्षिण दिशा में भेजा। अंगद इन सबके नायक बने।

अटकते-भटकते स्वयंप्रभा के पुंज तक ही सीता की खोज की निर्धारित अवधि समाप्त हो गई। वानर वीर बड़े संतप्त हुए। खोज की दिशा में अब तक कुछ भी काम नहीं हो पाया था। सागर-तट पर सभी परस्पर बातें कर रहे थे, सीता की सुधि नहीं मिलने पर क्या होगा। अंगद सर्वाधिक चिंतित थे। हों भी क्यों नहीं? पूरी वानर सेना के मुखिया जो थे।

पिता की सद्यःमृत्यु मन में तैर ही जाती होगी, इधर सीता खोज की मृत्यु-दायिनी असफलता। अंगद की बातें सुन वानर वीर कुछ उत्तर नहीं दे पाते थे। सबकी आँखें सजल हो जाती थीं। रह-रहकर कपीश का कथन याद आता था, 'जीवत ना बचिहौं हम सों जुग बिना सुधि लाए इहाँ पगु धारो' साश्रु अंगद ने कहा—

'कह अंगद लोचन भरि बारी।
दुहुँ प्रकार भइ मृत्यु हमारी॥
इहाँ न सुधि सीता कै पाई।
उहाँ गएँ मारिहि कपराई॥'

उन्होंने यह भी कहा कि सुग्रीव बालि को मारकर मुझे भी मारते। पर रघुनाथजी ने मुझे बचा लिया और युवराज भी बनवा दिया। वह मुझे मारने का बहाना ढूँढ़ते थे, सो अब मिल गया। मैं किष्किंधा नहीं लौटूँगा। अनशन व्रत करके यहीं प्राण त्याग दूँगा और फिर दर्भ बिछाकर उसपर बैठ गए।

जामवंत ने उन्हें बहुत समझाया। श्रीराम की अजेय शक्ति और प्रभुता का वर्णन किया।

वानर-भालुओं की यह बातचीत चल ही रही थी कि 'गिरि कंदरा' से कई दिनों का भूखा संपाती निकल आया। अपने खाद्य के रूप में इतने बंदरों को एक साथ देखकर बहुत खुश हुआ।

'कबहुँ न मिल भरि उदर अहारा।
आजु दीन्ह बिधि एकहिं बारा॥'

गिद्ध की बात सुनकर सबके सब वानर डर गए। कुछ देर पहले मृत्यु किष्किंधा लौटने पर दिखाई दे रही थी। पर अब तो प्रत्यक्ष सामने खड़ी थी।

अंगद का प्रत्युत्पन्नमतित्व काम आया। गिद्ध के समानधर्मा जटायु के भाग्य की सराहना की, जिसने राम-काज और सीता के उद्धार में प्राण निछावर कर दिए थे।

जटायु का नाम सुनते ही संपाती का मन भातृ-प्रेम से भर आया। मृत्यु का समाचार सुनते ही वह संतप्त हो उठा। बाद में उसी ने अपनी अपार गिद्ध-दृष्टि से देखकर बताया कि त्रिकूट पर्वत पर लंका में अशोक वाटिका है। उसी में सीता चिंतित बैठी हैं।

संपाती की बात सुनकर अंगद आश्वस्त हुए।

सागर पार जाने की बात सामने आई। बहुतों ने पार जाने में अपने को असमर्थ बताया। जामवंत को बुढ़ापे पर तरस आया। अंगद ने कहा, मैं पार जा सकता हूँ, किंतु लौटने में संशय है।'

जामवंत ने समझाया कि वह सबके मुखिया हैं। सर्व समर्थ होने पर भी उन्हें कैसे जाने दिया जाएगा?

फिर जामवंत से प्रेरणा पाकर हनुमान लंका गए, सीता का पता लगाया, लंका जलाई और राक्षसों का नाश किया। हनुमानजी के इस क्लिष्ट कर्म से युवराज का नेतृत्व महिमामंडित हुआ।

अंगद का दौत्य-कार्य उनके अतुल बल-विक्रम, शौर्य-धैर्य तथा पराक्रम का परिचायक है। उनके व्यक्तित्व को महान् आयाम देता है, अन्यथा रामायण-युद्ध के अज्ञात कुलशील अनेक वीरों की तरह युवराज का बल-विक्रम भी विलुप्त ही रह जाता।

अंगद का दौत्य-कार्य सामान्य दूतों की तरह नहीं था। न तो वह संधि-प्रस्ताव लेकर गए थे, न युद्ध-विराम की कामना से ही वहाँ गए थे। वह बालि के पुत्र थे, जिसने एक बार रावण को पराभूत किया था। वह श्रीराम का शक्ति-शौर्य और विक्रम रावण को बताने गए थे, श्रीराम की उदारता और क्षमाशीलता समझाने गए थे। अंगद और रावण के संवाद में समझौते की लेशमात्र भी संभावना नहीं दिखती। उभय पक्ष दर्प उद्वेलित है। वार्त्तालाप की बहुलांश भाषा लाक्षणिक है और वाग्विदग्धता का सर्वथा अभाव है।

सेतुबंध के पश्चात् सचिवों के परामर्श से श्रीराम ने 'बालि कुमार' को 'बतकही' करने के लिए भेजा था, जो 'बल और विनय' में बालि के बराबर थे। कहा था—

'बालि तनय बुधि बल गुन धामा।
लंका जाहु तात मम कामा॥
बहुत बुझाइ तुम्हहि का कहऊँ।
परम चतुर मैं जानत अहऊँ॥
काजु हमार तासु हित होई।
रिपु सन करेहु बतकही सोई॥'

श्रीराम ने बालि-तनय अंगद को परम चतुर और बुधिबल गुन धाम समझकर लंका भेजा था। अंगद को वार्त्ता की कोई सीमा-रेखा नहीं बताई थी, जिससे श्रीराम का काम हो और शत्रु की भलाई हो, उन समस्त संदर्भों में उन्मुक्त पटल पर उन्हें बात करने, की पूरी छूट थी।

रण-बाँकुरा, बालिसुत सहज अशंक हो लंका गए।

गए तो हनुमान भी थे सीता की खोज करने किंतु रावण की सभा में उन्होंने बताया था—

'तासु दूत मैं जा करि हरि आनेहु प्रिय नारि।'

उसी तरह अंगद ने भी दसकंठ के पूछने पर अपना परिचय दिया था—

'मैं रघुवीर दूत दसकंधर।'

अंतर यही था, हनुमानजी रावण-दरबार में बाँधकर लाए गए थे। अंगद को यहाँ भेजा गया था। लेकिन दोनों राम-काज से वहाँ गए थे।

अंगद का कुसंयोग ही था, जैसे ही उन्होंने नगर में प्रवेश किया, रावण के बेटे से भेंट हुई। बातों-बातों में विवाद हो गया। दोनों तरुण थे। उसने अंगद पर पैर उठाया। वही पैर पकड़ अंगद ने उसे पटक दिया। वह काल कवलित हो गया। सभी राक्षस भाग चले। चारों तरफ शोर मच गया। लंका जलानेवाला वानर फिर से आ गया है।

अंगद रावण की सभा में गए। विकृत आकृतिवाला रावण सजीव कज्जल गिरि सा दीख पड़ा। उसने पूछा, 'बंदर, तुम कौन हो?' अंगद ने बड़े क्रमिक ढंग से पहले अपना परिचय दिया, रावण को अपना पूर्व संबंध याद दिलाया। उसके कुल की प्रशंसा की, उसके पराक्रमों और उपलब्धियों को सराहा। उसकी गलतियों को बताते हुए उन्हें सुधारने का मार्ग भी बताया। कहा, मैं रघुपति का दूत हूँ। मेरे पिता से आपकी मित्रता थी। मैं आपकी भलाई की बातें करने आया हूँ। आप उत्तम कुल में उत्पन्न हुए हैं। बहुत तरह से आपने शिव और ब्रह्मा की आराधना की है। अपने तपोबल से आपने राजाओं और लोकपालों को जीता है। अहंकार या मोह में पड़कर आपने जगदंबा-जानकी को चुरा लिया है। जो हुआ सो हुआ, अब आप दाँतों में तृण पकड़कर कंठ में कुल्हाड़ी लटकाए परिजनों और अपनी स्त्रियों को साथ ले, जानकी को आगे रख,

सारा भय त्यागकर श्रीराम के पास चलें। वे करुणासागर हैं। आपके सभी अपराधों को क्षमा कर देंगे।

संधि-समझौते की तरह प्रस्तावना हो, ऐसा नहीं लगता। कथ्य क्रम में भले ही बद्ध हो, परिणाम में दंभ और दर्प के मूर्तिमंत रूप रावण के लिए यह सर्वथा असह्य था। गुस्से से उबलते हुए उसने कहा, 'ऐ वानर के बच्चे! सँभलकर बोल। मेरा प्रताप तुम नहीं जानते हो? तुम किसके बेटे हो?'

'मैं बालि का बेटा हूँ। आपकी उनसे कभी भेंट हुई ही थी।' अंगद ने शांत भाव से बताया।

बालि का नाम सुनते ही रावण सकुचा गया। बालि ने इसे अपनी काँख में कई दिनों तक दबाए रखा था। सँभलकर कहा, 'हाँ, जानता हूँ। एक बंदर था। तुम उसी बालि के कुल-बोरन पुत्र हो। तुम व्यर्थ ही पैदा हुए जो अपने को तपस्वियों का दूत बताते हो। कहो, बालि कैसे हैं? कहाँ हैं?'

अंगद ने हँसकर उत्तर दिया, 'दस दिनों के बाद बालि के पास जाकर, गले लगकर कुशलता पूछ लेना। वही तुमको राम-विरोध का परिणाम बताएँगे। मुझे कुल-बोरन और अपने को कुल-पालक बताते हो, ऐसा अंधा-बहरा भी नहीं कह सकता है। तुम्हारे तो बीस-बीस आँखें और कान हैं। अरे, जिन्हें तुम तपस्वी कहते हो, ब्रह्मा, शिव, देवता आदि भी उनकी सेवा के लिए तरसते हैं।'

अंगद की बातें रावण को अच्छी नहीं लगीं। आँखें तरेरकर बोला, चूँकि वह नीति-धर्म की बातें जानता है, अन्यथा कपि की कठोर बातें नहीं सुनता।

अंगद को रावण के कुकृत्यों का उल्लेख करने का मौका मिला। वक्रोक्ति में बोले, यह तो आपकी धर्मशीलता ही है कि आप दूसरे की स्त्रियों की चोरी करते हैं। यह आपकी क्षमाशीलता ही थी जो बहन के कटते हुए नाक-कान देखकर भी आपने काटनेवाले को क्षमा कर दिया।

रावण ने कोई उत्तर नहीं दिया। अपनी शक्ति-श्लाघा में लग गया। पूछा, 'अरे अंगद, यह तो बताओ, तुम्हारी सेना में कौन है, जो मेरे साथ लड़ सकता हो। तुम्हारे स्वामी राम तो नारी के विरह में शक्तिहीन हो गए हैं। उनका भाई उनके दुःख से दुःखी है। सुग्रीव और तुम वेगवती नदी के ढहते हुए किनारे के वृक्ष हो, कब गिरोगे कोई ठिकाना नहीं। मेरा भाई विभीषण कायर और डरपोक है। बूढ़ा जामवंत युद्ध करने में असमर्थ है। नल-नील मात्र शिल्पी हैं। हाँ, एक महाबलवान बंदर है, जिसने पहले आकर नगर को जलाया था।'

अंगद बोले, 'जिसे सुभट कहकर तुम सराह रहे हो, वह तो सुग्रीव का तुच्छ टहलुआ था। बिना स्वामी की आज्ञा के ही उसने नगर को जला दिया था। इसीलिए भय से वह छिप गया। लौटकर सुग्रीव के पास गया ही नहीं। सच्ची बात तो यह है कि प्रतिविरोध बराबरी के लोगों में शोभा पाता है। हमारी सेना में ऐसा कोई नहीं है, जो तुम्हारे साथ लड़कर शोभा पाए। तुम उन सबसे बहुत तुच्छ हो। तुमको मारने में राम को अपमान का ही बोध होगा। पर क्या बताऊँ, क्षत्रियों के क्रोध के बारे में?

रावण ने बंदरों की जाति पर प्रहार किया। कहा, 'वानरों की जाति बहुत स्वामिभक्त होती है। स्वामी की प्रसन्नता के लिए नाच-कूदकर लोगों का मनोरंजन करती है। मैं गुण-ग्राहक हूँ, अतः तुम्हारी बातों का बुरा नहीं मानता हूँ।'

'हाँ, हनुमान ने बताया था और मैंने स्वयं पाया कि तुममें न लाज है न भय और न अभिमान।' अंगद ने पूछा, 'रावण, यह तो बताओ कि दुनिया में कितने रावण हैं? मैंने सुना है, एक रावण पाताल में बलि को जीतने गया था। बलि ने उसे अपने घुड़साल में बाँध रखा था। लड़के खेल-खेल में उसे छेड़ते-मारते थे। बाद में दयावश बलि ने उसे छोड़ दिया। 'एक रावण को सहस्रबाहु कौतूहलपूर्वक पकड़कर ले गया था। पुलस्त्य मुनि ने उसे छुड़वाया। एक रावण को बालि ने अपनी काँख में छह मास तक दबाए रखा था। बताओ, तुम इनमें कौन से हो?'

रावण ने अपनी महिमा का गान किया। कैलाश उठाने की बात, दिग्पालों के पराजय, शिव को सिर अर्पण करने की बात बताई। अपने को जग-विदित प्रतापी बताया।

अब तक संयमित भाषा थी। अब दोनों ओर से 'सठ' और 'अधम' शब्दों का प्रयोग होने लगा।

अंगद ने बताया कि परशुराम का दर्प भंग करनेवाले राम स्वयं परमात्मा हैं। उनका क्रोधानल जब रावण को भस्म करेगा, उस समय उसकी एक न चलेगी। वानर और भालू तुम्हारे कटे हुए मुंडों से कंदुक और चौगान खेलेंगे।

रावण ने कुंभकरण और इंद्रजीत के नामों का उच्चारण कर अपनी महिमा-गाथा भी सुनाई। अंगद से कहा, 'तुम जिसकी प्रशंसा करते हो, वह बार-बार अपना दूत क्यों भेजता है ? आहुति दिए गए अपने कपालों पर मनुष्य रूप में अपनी मृत्यु का लेख पढ़ उसने समझ लिया था, बूढ़े ब्रह्मा की बुद्धि भी सठिया गई है। रावण एक अद्वितीय वीर है। उसे आदमी क्या मार सकता है ?'

अंगद ने कहा, 'तुम बार-बार सिर और शैल की बात करते हो, सहस्रबाहु, बलि और बालि के साथ युद्ध करते समय तुम्हारा बल कहाँ चला गया था ? ऐंद्रजालिक भी अपना सिर काट देता है, पतंगे भी आग में जाकर स्वयं जल जाते हैं और गधे भी कितना भार ढोते हैं, किंतु ये वीर नहीं कहलाएँगे। तुम भी अपने को उनकी श्रेणी से भिन्न मत समझो।'

अब तक दोनों को रोष आ गया था। सठ, खल, अधम आदि असंसदीय शब्दों का प्रयोग दोनों ओर से निःसंकोच होने लगा था। अंगद ने कहा, 'मैं कोई संधि प्रस्ताव लेकर युद्धविराम कराने नहीं आया हूँ। रघुवर ने तो मुझे यह सोचकर भेजा है कि मैं रावण को समझा दूँ कि जिस प्रकार गीदड़ को मारना सिंह को शोभा नहीं देता, उसी प्रकार रावण को मारना राम की गरिमा के अनुकूल नहीं है।'

धीरे-धीरे अंगद के भीतर भी क्रोधाग्नि भड़क उठी थी। बोले,

‘प्रभु की बातें याद कर, सठ! मैं तेरी कठोर बातें सहन कर रहा था, अन्यथा तेरा मुँह तोड़कर मैं बलपूर्वक सीता को यहाँ से ले जाता। तुम्हारी शक्ति हमें पता है। खाली घर पाकर तुम दूसरों की स्त्रियों को चुरा लिया करते हो।

‘यदि राम के अपमान का डर नहीं होता, क्योंकि इससे उनकी प्रतिष्ठा नहीं बढ़ेगी, तो तुझे पटककर, तेरी सेना को मारकर तेरे नगर को नष्ट कर देता। तुम्हारे देखते-ही-देखते मैं तुम्हारी रानियों सहित सीता को ले जाता। जीवित शव की तरह चौदह प्रकार के लोगों जैसे तुम हो। मरे को मारने में कोई पौरुष नहीं है।’

कितनी ओज भरी उक्ति है? कितना सामर्थ्य और विचार भरा पुरुषार्थ है?

क्रोध में रावण दाँतों से ओंठ दबा, हाथ मलने लगा। बोला, ‘अरे दुष्ट बंदर, छोटे मुँह बड़ी बात कर रहा है। जिसके बल पर तू इतना कूद रहा है, दुर्गुणों के कारण पिता ने उसे निर्वासित कर दिया। उसे पत्नी का वियोग है और दिन-प्रतिदिन मेरा भय उसे खा रहा है। ऐसे अनेकों लोग हैं, जिन्हें हर रोज हमारे राक्षस खा जाते हैं।’

श्रीराम की निंदा और उनके प्रति तुच्छ विचार अंगद के लिए असह्य थे। यह तो गो-घात के बराबर था। अंगद गुस्से से कटकटा उठे। अपनी दोनों कुहनियाँ जमीन पर मारीं। उनके अमित-विक्रम प्रहार से धरती डोल गई। भयाक्रांत सभासद भागने लगे। रावण भी गिरते-गिरते सँभला, पर अपना मुकुट नहीं सँभाल सका। अंगद ने उसके मुकुट के कुछ टुकड़े उठाए और श्रीराम के पास फेंक दिए।

क्रोध-दग्ध रावण ने सभी बंदर-भालुओं को पकड़कर खाने की घोषणा कर दी। धरती को बंदर-विहीन करने और राम-लक्ष्मण दोनों भाइयों को जीते-जी पकड़ लाने का आदेश कर दिया।

युवराज अंगद भी क्रोधित थे, रावण को स्त्री-चोर, कुमार्गी, कामी, मंदमति, खल, और तो और गंदगी का अंबार कह डाला। कहा, ‘राम के

प्रति ऐसी बातें करते तुम्हारी जीभ नहीं गिर रही है। कोई बात नहीं। युद्धभूमि में तुम्हारे सिर और जिह्वाएँ साथ ही गिरेंगी।'

अंगद का क्रोध दो पहर की धूप की तरह बढ़ रहा था। बोले, 'मैं तुम्हारे दाँत तोड़ने में सर्वथा समर्थ हूँ, किंतु रघुनाथ ने ऐसी आज्ञा नहीं दी है। ऐसा क्रोध आता है कि तुम्हारे दसों मुँह तोड़ दूँ, तुम्हारी लंका समुद्र में डुबो दूँ। तुम्हारी लंका की हैसियत ही क्या है? यह तो मात्र गूलर के फूल के बराबर है। हम शाकाहारी बंदर फल खाने में तो बहुत तेज हैं।'

रावण को सुनकर हँसी आ गई।

बोला, 'बालि कभी इतना गाल नहीं बजाता था, बड़ी-बड़ी बातें नहीं करता था। तपस्वियों ने उसे झूठा बना दिया था।'

अंगद के लिए, और किसी भी समर्थ व्यक्ति के लिए यह असह्य था। बोले, 'रावण यदि मैं तुम्हारे दसों सीसों को नहीं तोड़ता हूँ तो सचमुच झूठा हूँ', ऐसा कहकर भरी सभा में अंगद ने अपना पैर रोप दिया—

'समुझि राम प्रताप कपि कोपा।
सभा माझ पन करि पद रोपा॥
जौं मम चरन सकसि सठ टारी।
फिरहिं रामु सीता मैं हारी॥'

सीता का दुर्दैव ही था, बार-बार वीर्य-शुल्का वह राजकुमारी दाँव पर रखी गई। पिता ने प्रण किया—जो धनुष पर चाप चढ़ाएगा, सीता उसी को ब्याही जाएगी। आज अंगद ने प्रणपूर्वक अपना पैर रोप दिया। रावण की सभा में यदि कोई अंगद का पैर उठा देगा, टार देगा तो राम लौट जाएँगे। सीता को वह हार जाएँगे।

इंद्रजीत आदि योद्धाओं ने बलपूर्वक प्रयत्न किए, किंतु सफल नहीं हुए। पैर टस-से-मस नहीं हुआ, हिला तक नहीं।

'पुनि उठि झपटहिं सुर आराती।
टरइ न कीस चरन एहि भाँती॥'

रावण ने स्वयं कोशिश करनी चाही। चरण पकड़ने को झुके रावण से अंगद ने कहा, 'मेरे चरण पकड़ने से तुम्हारा उद्धार नहीं होगा। यदि अपना उद्धार चाहते हो तो श्रीराम के चरणों में जाओ।'

रावण श्रीहत हो लौट गया।

अंगद ने बहुत समझाया पर रावण नहीं समझा।

अंगद राम दल में लौट आए।

अंगद का दौत्य-कार्य मानस में उनको विलक्षण महत्त्व प्रदान करता है। भिन्न परिवेश में मन की निर्भयता निःशंकता, ओज भरी वाणी की स्पष्टता, वचन की वक्रता और राम के चरणों में प्रगाढ़ समर्पण तथा अनुरक्ति अंगद के दौत्य कर्म को महिम्न और उदात्त बनाते हैं। उनका व्यक्तित्व निखर उठता है।

वाल्मीकि रामायण से हटकर गोस्वामीजी ने अद्‌भुत चित्र-विन्यास किया है। यह अंगद के शौर्य-विक्रम के सर्वथा अनुरूप है।

युद्धकाल में अंगद ने अनुपम शौर्य-विक्रम प्रदर्शित किया। युद्ध-भूमि में बहुधा वह पवनतनय के साथ दिखाई देते हैं, चाहे रावण और इंद्रजीत का अनुष्ठान भ्रष्ट करने के लिए या रण-कौशल दिखाने में । श्रीराम भी दोनों को साथ ही बुलाते हैं या भेजते हैं।

युद्धारंभ में अंगद ने सुना, पवन-तनय पश्चिमी दरवाजे पर अकेले युद्धरत हैं। वह तत्काल वहाँ पहुँचे। गरजकर गढ़ के ऊपर चढ़ गए। हनुमान के साथ रावण के भवन के कलश और कंगूरों को ध्वस्त कर डाला।

'अंगद सुना पवनसुत गढ़ पर गयेउ अकेल।
रन बाँकुरा बालिसुत तरकि चढ़ेउ कपि खेल॥'

दोनों ने भयंकर युद्ध किया। दुश्मन के दाँत खट्टे कर दिए। बड़े-बड़े वीरों को मार डाला। अकेले हनुमान ने लंका-दहन किया था, आज तो 'दो उत्पाती' थे।

'अंगद अरु हनुमंत प्रबेसा।
कीन्ह दुर्ग अस कह अवधेसा॥
लंकाँ द्वौ कपि सोहहिं कैसें।
मथहिं सिंधु दुइ मंदर जैसे॥'

दोनों विध्वंशकारी बंदर लंका के समुद्र का मंथन करनेवाले दो मंदर पर्वत की तरह शोभा पा रहे थे।

'भुजबल रिपु दल दलमलि देखि दिवस कर अंत।
कूदे जुगल बिगत श्रम आए जहँ भगवंत॥'

क्या अनोखी वीरता है दोनों की। भगवान् श्रीराम की कृपा भी इन पर अपार है।

प्रदोषकाल आने पर भारी शक्ति से राक्षसों ने आक्रमण किया। क्षण मात्र में अँधेरा छा गया। रुधिर की वर्षा होने लगी। श्रीराम ने एक ही बाण से माया-युद्ध का अंत कर दिया। अंगद और हनुमान का नाम ले बंदर-भालू दुश्मन पर टूट पड़े। कुछ राक्षसों को मार डाला, कुछ को समुद्र में डाल दिया और कुछ भाग गए।

रात होने पर सेना की चारों टुकड़ियाँ श्रीराम के पास लौट आईं।

'राम कृपा करि चितवा सबही।
भए बिगतश्रम बानर तबहीं॥'

श्रीराम की अनासक्त ईश्वरता सिद्ध करने के लिए मानस के कथानक में अंगद के माध्यम से एक अत्यधिक करुण चित्र प्रस्तुत किया गया है।

श्रीराम के राज्याभिषेक के बाद छह मास बीत गए। एक दिन रघुपति ने समस्त सखा-सहायकों को बुलाकर कहा, 'आप लोगों ने मेरी सेवा के लिए अपना राज्य, घर, परिवार सब छोड़ रखा है। अतः आप सभी हमें अतिशय प्रिय हैं।

'अनुज राज संपति बैदेही।
देह गेह परिवार सनेही॥
सब मम प्रिय नहिं तुम्हहि समाना।
मृषा न कहउँ मोर यह बाना॥'

किंतु 'अब गृह जाहु सखा सब', आप लोग अपने-अपने घरों को जाएँ।

सभी लोग प्रसन्न हो गए। सुग्रीव, विभीषण, जामवंत, नील-नल इत्यादि सभी सखा-सहायकों को रुचिर वस्त्रों से अलंकृत किया गया। अंगद बैठे रहे। अत्यंत प्रेमपूर्वक हाथ जोड़ अंगद ने प्रार्थना की। उनकी आँखों से आँसू झर रहे थे।

उन्होंने कहा, 'हे करुणासिंधु, हे नाथ! मृत्यु के समय मेरे पिता बालि ने मुझे आपको सौंपा था। आप अशरणों की शरण हैं। मुझे न त्यागिए। आप ही हमारे गुरु, पिता और माता हैं। आप के चरणों को छोड़ मैं कहाँ जाऊँगा? मैं बालक हूँ, बल-बुद्धि और ज्ञान से हीन हूँ। घर के छोटे-छोटे कामों को मैं क्या करूँगा। आपके चरणों को देखकर ही मैं इस संसार-सागर को पार कर जाऊँगा।' ऐसा कहकर अंगद ने भगवान् श्रीराम के चरण पकड़ लिये।

क्या करुणा भरा दृश्य है? स्मरणीय है, इस संदर्भ में अंगद की वे चिंताएँ, वह विलाप, जो सागर-तट पर उन्होंने किया था। क्या राम से अलग वह अपने को सुरक्षित समझते थे? पूर्णकाम, अनासक्त श्रीराम पर अंगद के रोने-धोने का कोई प्रभाव नहीं पड़ा। अपनी मणि, वस्त्र, और माला पहनाकर उन्होंने अंगद को विदा किया। किंतु जाते समय अतिशय प्रेम के कारण मुड़-मुड़कर अंगद श्रीराम को देख रहे थे।

शायद राम पसीज जाएँ। रुकने के लिए कह दें, पर ऐसा नहीं हुआ।

सब अपने-अपने घरों को लौटे। हनुमान वहीं रुक गए। अंगद ने हनुमान से प्रार्थना की कि श्रीराम को बार-बार अंगद की याद दिलाएँगे और उनके चरणों में अंगद का प्रणाम बोलेंगे।

श्रीभगवान् ने हनुमान से अंगद की प्रार्थना सुनी। प्रेम की अनन्यता से उनकी बात मान ली। पर वह तो पूर्णकाम अनासक्त हैं। उन्हें समझना आसान नहीं है।

अंगद के जीवन का यह सर्वाधिक करुण चित्र है। पिता की छाया पुत्र के लिए एक विशाल वट-वृक्ष की तरह होती है, उनकी मृत्यु पर भी अंगद ने अपने आपको इतना असहाय-असुरक्षित न समझा था, जितना राम से वियोग के समय संवेदनशील हो गया था।

बालि ने मरते समय अपने तनय अंगद को सुर-नर नाथ श्रीराम के हाथों सौंपते हुए कहा था—'हे कल्याणप्रद प्रभो! अंगद विनय-बल में मेरे समान है।'

मानस कथा में निष्कर्षत: अंगद में विनय और बल बालि की तरह बेजोड़ है। तभी तो

'राजु दीन्ह सुग्रीव कहँ अंगद कहँ जुबराज।'

□□□